I0176468

COREANO
VOCABULARIO

ESPAÑOL-
COREANO

Las palabras más útiles
Para expandir su vocabulario y refinar
sus habilidades lingüísticas

3000 palabras

Vocabulario Español-Coreano - 3000 palabras más usadas

por Andrey Taranov

Los vocabularios de T&P Books buscan ayudar en el aprendizaje, la memorización y la revisión de palabras de idiomas extranjeros. El diccionario se divide por temas, cubriendo toda la esfera de las actividades cotidianas, de negocios, ciencias, cultura, etc.

El proceso de aprendizaje de palabras utilizando los diccionarios temáticos de T&P Books le proporcionará a usted las siguientes ventajas:

- La información del idioma secundario está organizada claramente y predetermina el éxito para las etapas subsiguientes en la memorización de palabras.
- Las palabras derivadas de la misma raíz se agrupan, lo cual permite la memorización de grupos de palabras en vez de palabras aisladas.
- Las unidades pequeñas de palabras facilitan el proceso de reconocimiento de enlaces de asociación que se necesitan para la cohesión del vocabulario.
- De este modo, se puede estimar el número de palabras aprendidas y así también el nivel de conocimiento del idioma.

T&P Books Publishing
www.tpbooks.com

ISBN: 978-1-78616-561-9

Este libro está disponible en formato electrónico o de E-Book también.
Visite www.tpbooks.com o las librerías electrónicas más destacadas en la Red.

VOCABULARIO COREANO
palabras más usadas

Los vocabularios de T&P Books buscan ayudar al aprendiz a aprender, memorizar y repasar palabras de idiomas extranjeros. Los vocabularios contienen más de 3000 palabras comúnmente usadas y organizadas de manera temática.

- El vocabulario contiene las palabras corrientes más usadas.
- Se recomienda como ayuda adicional a cualquier curso de idiomas.
- Capta las necesidades de aprendices de nivel principiante y avanzado.
- Es conveniente para uso cotidiano, prácticas de revisión y actividades de auto-evaluación.
- Facilita la evaluación del vocabulario.

Aspectos claves del vocabulario

- Las palabras se organizan según el significado, no según el orden alfabético.
- Las palabras se presentan en tres columnas para facilitar los procesos de repaso y auto-evaluación.
- Los grupos de palabras se dividen en pequeñas secciones para facilitar el proceso de aprendizaje.
- El vocabulario ofrece una transcripción sencilla y conveniente de cada palabra extranjera.

El vocabulario contiene 101 temas que incluyen lo siguiente:

Conceptos básicos, números, colores, meses, estaciones, unidades de medidas, ropa y accesorios, comida y nutrición, restaurantes, familia nuclear, familia extendida, características de personalidad, sentimientos, emociones, enfermedades, la ciudad y el pueblo, exploración del paisaje, compras, finanzas, la casa, el hogar, la oficina, el trabajo en oficina, importación y exportación, promociones, búsqueda de trabajo, deportes, educación, computación, la red, herramientas, la naturaleza, los países, las nacionalidades y más ...

TABLA DE CONTENIDO

GUÍA DE PRONUNCIACIÓN

La letra	Ejemplo coreano	T&P alfabeto fonético	Ejemplo español

Las consonantes

La letra	Ejemplo coreano	T&P alfabeto fonético	Ejemplo español
ㄱ [1]	개	[k]	charco
ㄱ [2]	아기	[g]	jugada
ㄲ	껌	[k]	[k] tensa
ㄴ	눈	[n]	número
ㄷ [3]	달	[t]	torre
ㄷ [4]	사다리	[d]	desierto
ㄸ	딸	[t]	[t] tensa
ㄹ [5]	라디오	[r]	era, alfombra
ㄹ [6]	십팔	[l]	lira
ㅁ	문	[m]	nombre
ㅂ [7]	봄	[p]	precio
ㅂ [8]	아버지	[b]	en barco
ㅃ	빵	[p]	[p] tensa
ㅅ [9]	실	[s]	salva
ㅅ [10]	옷	[t]	torre
ㅆ	쌀	[ja:]	cambiar
ㅇ [11]	강	[ŋg]	gong
ㅈ [12]	집	[tɕ]	archivo
ㅈ [13]	아주	[dʑ]	tadzhik
ㅉ	짬	[tɕ]	[tch] tenso
ㅊ	차	[tɕh]	[tsch] aspirado
ㅌ	택시	[th]	[t] aspirada
ㅋ	칼	[kh]	[k] aspirada
ㅍ	포도	[ph]	[p] aspirada
ㅎ	한국	[h]	registro

Las vocales y las combinaciones con vocales

La letra	Ejemplo coreano	T&P alfabeto fonético	Ejemplo español
ㅏ	사	[a]	radio
ㅑ	향	[ja]	araña
ㅓ	머리	[ʌ]	¡Basta!

La letra	Ejemplo coreano	T&P alfabeto fonético	Ejemplo español
ㅕ	병	[jɑ]	ensayar
ㅗ	몸	[o]	bordado
ㅛ	표	[jɔ]	yogur
ㅜ	물	[u]	mundo
ㅠ	슈퍼	[ju]	ciudad
―	음악	[ɪ]	abismo
ㅣ	길	[i], [iː]	tranquilo
ㅐ	뺨	[ɛ], [ɛː]	buceo
ㅒ	애기	[je]	miércoles
ㅔ	펜	[e]	verano
ㅖ	계산	[je]	miércoles
ㅘ	왕	[wa]	aduanero
ㅙ	왜	[ʊə]	huerta
ㅚ	회의	[ø], [we]	alemán Hölle, inglés - web
ㅝ	권	[uɔ]	antiguo
ㅞ	웬	[ʊə]	huerta
ㅟ	쥐	[wi]	kiwi
ㅢ	거의	[ɯi]	combinación [ɪi]

Comentarios

[1] al principio de una palabra
[2] entre sonidos sonoros
[3] al principio de una palabra
[4] entre sonidos sonoros
[5] al principio de una sílaba
[6] al final de una sílaba
[7] al principio de una palabra
[8] entre sonidos sonoros
[9] al principio de una sílaba
[10] al final de una sílaba
[11] al final de una sílaba
[12] al principio de una palabra
[13] entre sonidos sonoros

ABREVIATURAS
usadas en el vocabulario

Abreviatura en español

adj	-	adjetivo
adv	-	adverbio
anim.	-	animado
conj	-	conjunción
etc.	-	etcétera
f	-	sustantivo femenino
f pl	-	femenino plural
fam.	-	uso familiar
fem.	-	femenino
form.	-	uso formal
inanim.	-	inanimado
innum.	-	innumerable
m	-	sustantivo masculino
m pl	-	masculino plural
m, f	-	masculino, femenino
masc.	-	masculino
mat	-	matemáticas
mil.	-	militar
num.	-	numerable
p.ej.	-	por ejemplo
pl	-	plural
pron	-	pronombre
sg	-	singular
v aux	-	verbo auxiliar
vi	-	verbo intransitivo
vi, vt	-	verbo intransitivo, verbo transitivo
vr	-	verbo reflexivo
vt	-	verbo transitivo

CONCEPTOS BÁSICOS

1. Los pronombres

yo	나, 저	na
tú	너	neo
él	그, 그분	geu, geu-bun
ella	그녀	geu-nyeo
ello	그것	geu-geot
nosotros, -as	우리	u-ri
vosotros, -as	너희	neo-hui
Usted	당신	dang-sin
ellos, ellas	그들	geu-deul

2. Saludos. Salutaciones

¡Hola! (fam.)	안녕!	an-nyeong!
¡Hola! (form.)	안녕하세요!	an-nyeong-ha-se-yo!
¡Buenos días!	안녕하세요!	an-nyeong-ha-se-yo!
¡Buenas tardes!	안녕하세요!	an-nyeong-ha-se-yo!
¡Buenas noches!	안녕하세요!	an-nyeong-ha-se-yo!
decir hola	인사하다	in-sa-ha-da
¡Hola! (a un amigo)	안녕!	an-nyeong!
saludo (m)	인사	in-sa
saludar (vt)	인사하다	in-sa-ha-da
¿Cómo estás?	잘 지내세요?	jal ji-nae-se-yo?
¿Qué hay de nuevo?	어떻게 지내?	eo-tteo-ke ji-nae?
¡Chau! ¡Adiós!	안녕히 가세요!	an-nyeong-hi ga-se-yo!
¡Hasta pronto!	또 만나요!	tto man-na-yo!
¡Adiós! (fam.)	잘 있어!	jal ri-seo!
¡Adiós! (form.)	안녕히 계세요!	an-nyeong-hi gye-se-yo!
despedirse (vr)	작별인사를 하다	jak-byeo-rin-sa-reul ha-da
¡Hasta luego!	안녕!	an-nyeong!
¡Gracias!	감사합니다!	gam-sa-ham-ni-da!
¡Muchas gracias!	대단히 감사합니다!	dae-dan-hi gam-sa-ham-ni-da!
De nada	천만이에요	cheon-man-i-e-yo
No hay de qué	천만의 말씀입니다	cheon-man-ui mal-sseum-im-ni-da
De nada	천만에	cheon-man-e
¡Disculpa!	실례!	sil-lye!
¡Disculpe!	실례합니다!	sil-lye-ham-ni-da!

disculpar (vt)	용서하다	yong-seo-ha-da
disculparse (vr)	사과하다	sa-gwa-ha-da
Mis disculpas	사과드립니다	sa-gwa-deu-rim-ni-da
¡Perdóneme!	죄송합니다!	joe-song-ham-ni-da!
perdonar (vt)	용서하다	yong-seo-ha-da
por favor	부탁합니다	bu-tak-am-ni-da
¡No se le olvide!	잊지 마십시오!	it-ji ma-sip-si-o!
¡Ciertamente!	물론이에요!	mul-lon-i-e-yo!
¡Claro que no!	물론 아니에요!	mul-lon a-ni-e-yo!
¡De acuerdo!	그래요!	geu-rae-yo!
¡Basta!	그만!	geu-man!

3. Las preguntas

¿Quién?	누구?	nu-gu?
¿Qué?	무엇?	mu-eot?
¿Dónde?	어디?	eo-di?
¿Adónde?	어디로?	eo-di-ro?
¿De dónde?	어디로부터?	eo-di-ro-bu-teo?
¿Cuándo?	언제?	eon-je?
¿Para qué?	왜?	wae?
¿Por qué?	왜?	wae?
¿Por qué razón?	무엇을 위해서?	mu-eos-eul rwi-hae-seo?
¿Cómo?	어떻게?	eo-tteo-ke?
¿Qué ...? (~ color)	어떤?	eo-tteon?
¿Cuál?	어느?	eo-neu?
¿A quién?	누구에게?	nu-gu-e-ge?
¿De quién? (~ hablan ...)	누구에 대하여?	nu-gu-e dae-ha-yeo?
¿De qué?	무엇에 대하여?	mu-eos-e dae-ha-yeo?
¿Con quién?	누구하고?	nu-gu-ha-go?
¿Cuánto?	얼마?	eol-ma?
¿De quién? (~ es este ...)	누구의?	nu-gu-ui?

4. Las preposiciones

con ... (~ algn)	··· 하고	... ha-go
sin ... (~ azúcar)	없이	eop-si
a ... (p.ej. voy a México)	··· 에	... e
de ... (hablar ~)	··· 에 대하여	... e dae-ha-yeo
antes de ...	전에	jeon-e
delante de ...	··· 앞에	... a-pe
debajo	밑에	mi-te
sobre ..., encima de ...	위에	wi-e
en, sobre (~ la mesa)	위에	wi-e
de (origen)	··· 에서	... e-seo
de (fabricado de)	··· 로	... ro
dentro de ...	··· 안에	... a-ne
encima de ...	너머	dwi-e

5. Las palabras útiles. Los adverbios. Unidad 1

¿Dónde?	어디?	eo-di?
aquí (adv)	여기	yeo-gi
allí (adv)	거기	geo-gi
en alguna parte	어딘가	eo-din-ga
en ninguna parte	어디도	eo-di-do
junto a ...	옆에	yeo-pe
junto a la ventana	창문 옆에	chang-mun nyeo-pe
¿A dónde?	어디로?	eo-di-ro?
aquí (venga ~)	여기로	yeo-gi-ro
allí (vendré ~)	거기로	geo-gi-ro
de aquí (adv)	여기서	yeo-gi-seo
de allí (adv)	거기서	geo-gi-seo
cerca (no lejos)	가까이	ga-kka-i
lejos (adv)	멀리	meol-li
cerca de ...	근처에	geun-cheo-e
al lado (de ...)	인근에	in-geu-ne
no lejos (adv)	멀지 않게	meol-ji an-ke
izquierdo (adj)	왼쪽의	oen-jjo-gui
a la izquierda (situado ~)	왼쪽에	oen-jjo-ge
a la izquierda (girar ~)	왼쪽으로	oen-jjo-geu-ro
derecho (adj)	오른쪽의	o-reun-jjo-gui
a la derecha (situado ~)	오른쪽에	o-reun-jjo-ge
a la derecha (girar)	오른쪽으로	o-reun-jjo-geu-ro
delante (yo voy ~)	앞쪽에	ap-jjo-ge
delantero (adj)	앞의	a-pui
adelante (movimiento)	앞으로	a-peu-ro
detrás de ...	뒤에	dwi-e
desde atrás	뒤에서	dwi-e-seo
atrás (da un paso ~)	뒤로	dwi-ro
centro (m), medio (m)	가운데	ga-un-de
en medio (adv)	가운데에	ga-un-de-e
de lado (adv)	옆에	yeo-pe
en todas partes	모든 곳에	mo-deun gos-e
alrededor (adv)	주위에	ju-wi-e
de dentro (adv)	내면에서	nae-myeon-e-seo
a alguna parte	어딘가에	eo-din-ga-e
todo derecho (adv)	똑바로	ttok-ba-ro
atrás (muévelo para ~)	뒤로	dwi-ro
de alguna parte (adv)	어디에서든지	eo-di-e-seo-deun-ji
no se sabe de dónde	어디로부터인지	eo-di-ro-bu-teo-in-ji

primero (adv)	첫째로	cheot-jjae-ro
segundo (adv)	둘째로	dul-jjae-ro
tercero (adv)	셋째로	set-jjae-ro
de súbito (adv)	갑자기	gap-ja-gi
al principio (adv)	처음에	cheo-eum-e
por primera vez	처음으로	cheo-eu-meu-ro
mucho tiempo antes ...	··· 오래 전에	... o-rae jeon-e
de nuevo (adv)	다시	da-si
para siempre (adv)	영원히	yeong-won-hi
jamás, nunca (adv)	절대로	jeol-dae-ro
de nuevo (adv)	다시	da-si
ahora (adv)	이제	i-je
frecuentemente (adv)	자주	ja-ju
entonces (adv)	그때	geu-ttae
urgentemente (adv)	급히	geu-pi
usualmente (adv)	보통으로	bo-tong-eu-ro
a propósito, ...	그건 그렇고, ···	geu-geon geu-reo-ko, ...
es probable	가능한	ga-neung-han
probablemente (adv)	아마	a-ma
tal vez	어쩌면	eo-jjeo-myeon
además ...	게다가 ···	ge-da-ga ...
por eso ...	그래서 ···	geu-rae-seo ...
a pesar de ...	··· 에도 불구하고	... e-do bul-gu-ha-go
gracias a ...	··· 덕분에	... deok-bun-e
algo (~ le ha pasado)	무엇인가	mu-eon-nin-ga
algo (~ así)	무엇이든지	mu-eon-ni-deun-ji
nada (f)	아무것도	a-mu-geot-do
alguien (viene ~)	누구	nu-gu
alguien (¿ha llamado ~?)	누군가	nu-gun-ga
nadie	아무도	a-mu-do
a ninguna parte	아무데도	a-mu-de-do
de nadie	누구의 것도 아닌	nu-gu-ui geot-do a-nin
de alguien	누군가의	nu-gun-ga-ui
tan, tanto (adv)	그래서	geu-rae-seo
también (~ habla francés)	역시	yeok-si
también (p.ej. Yo ~)	또한	tto-han

6. Las palabras útiles. Los adverbios. Unidad 2

¿Por qué?	왜?	wae?
no se sabe porqué	어떤 이유로	eo-tteon ni-yu-ro
porque ...	왜냐하면 ···	wae-nya-ha-myeon ...
por cualquier razón (adv)	어떤 목적으로	eo-tteon mok-jeo-geu-ro
y (p.ej. uno y medio)	그리고	geu-ri-go
o (p.ej. té o café)	또는	tto-neun
pero (p.ej. me gusta, ~)	그러나	geu-reo-na

para (p.ej. es para ti)	위해서	wi-hae-seo
demasiado (adv)	너무	neo-mu
sólo, solamente (adv)	··· 만	... man
exactamente (adv)	정확하게	jeong-hwak-a-ge
unos ...,	약	yak
cerca de ... (~ 10 kg)		

aproximadamente	대략	dae-ryak
aproximado (adj)	대략적인	dae-ryak-jeo-gin
casi (adv)	거의	geo-ui
resto (m)	나머지	na-meo-ji

cada (adj)	각각의	gak-ga-gui
cualquier (adj)	아무	a-mu
mucho (adv)	많이	ma-ni
muchos (mucha gente)	많은 사람들	ma-neun sa-ram-deul
todos	모두	mo-du

a cambio de ...	··· 의 교환으로	... ui gyo-hwa-neu-ro
en cambio (adv)	교환으로	gyo-hwa-neu-ro
a mano (hecho ~)	수공으로	su-gong-eu-ro
poco probable	거의	geo-ui

probablemente	아마	a-ma
a propósito (adv)	일부러	il-bu-reo
por accidente (adv)	우연히	u-yeon-hi

muy (adv)	아주	a-ju
por ejemplo (adv)	예를 들면	ye-reul deul-myeon
entre (~ nosotros)	사이에	sa-i-e
entre (~ otras cosas)	중에	jung-e
tanto (~ gente)	이만큼	i-man-keum
especialmente (adv)	특히	teuk-i

NÚMEROS. MISCELÁNEA

7. Números cardinales. Unidad 1

cero	영	yeong
uno	일	il
dos	이	i
tres	삼	sam
cuatro	사	sa
cinco	오	o
seis	육	yuk
siete	칠	chil
ocho	팔	pal
nueve	구	gu
diez	십	sip
once	십일	si-bil
doce	십이	si-bi
trece	십삼	sip-sam
catorce	십사	sip-sa
quince	십오	si-bo
dieciséis	십육	si-byuk
diecisiete	십칠	sip-chil
dieciocho	십팔	sip-pal
diecinueve	십구	sip-gu
veinte	이십	i-sip
veintiuno	이십일	i-si-bil
veintidós	이십이	i-si-bi
veintitrés	이십삼	i-sip-sam
treinta	삼십	sam-sip
treinta y uno	삼십일	sam-si-bil
treinta y dos	삼십이	sam-si-bi
treinta y tres	삼십삼	sam-sip-sam
cuarenta	사십	sa-sip
cuarenta y uno	사십일	sa-si-bil
cuarenta y dos	사십이	sa-si-bi
cuarenta y tres	사십삼	sa-sip-sam
cincuenta	오십	o-sip
cincuenta y uno	오십일	o-si-bil
cincuenta y dos	오십이	o-si-bi
cincuenta y tres	오십삼	o-sip-sam
sesenta	육십	yuk-sip
sesenta y uno	육십일	yuk-si-bil

sesenta y dos	육십이	yuk-si-bi
sesenta y tres	육십삼	yuk-sip-sam
setenta	칠십	chil-sip
setenta y uno	칠십일	chil-si-bil
setenta y dos	칠십이	chil-si-bi
setenta y tres	칠십삼	chil-sip-sam
ochenta	팔십	pal-sip
ochenta y uno	팔십일	pal-si-bil
ochenta y dos	팔십이	pal-si-bi
ochenta y tres	팔십삼	pal-sip-sam
noventa	구십	gu-sip
noventa y uno	구십일	gu-si-bil
noventa y dos	구십이	gu-si-bi
noventa y tres	구십삼	gu-sip-sam

8. Números cardinales. Unidad 2

cien	백	baek
doscientos	이백	i-baek
trescientos	삼백	sam-baek
cuatrocientos	사백	sa-baek
quinientos	오백	o-baek
seiscientos	육백	yuk-baek
setecientos	칠백	chil-baek
ochocientos	팔백	pal-baek
novecientos	구백	gu-baek
mil	천	cheon
dos mil	이천	i-cheon
tres mil	삼천	sam-cheon
diez mil	만	man
cien mil	십만	sim-man
millón (m)	백만	baeng-man
mil millones	십억	si-beok

9. Números ordinales

primero (adj)	첫 번째의	cheot beon-jjae-ui
segundo (adj)	두 번째의	du beon-jjae-ui
tercero (adj)	세 번째의	se beon-jjae-ui
cuarto (adj)	네 번째의	ne beon-jjae-ui
quinto (adj)	다섯 번째의	da-seot beon-jjae-ui
sexto (adj)	여섯 번째의	yeo-seot beon-jjae-ui
séptimo (adj)	일곱 번째의	il-gop beon-jjae-ui
octavo (adj)	여덟 번째의	yeo-deol beon-jjae-ui
noveno (adj)	아홉 번째의	a-hop beon-jjae-ui
décimo (adj)	열 번째의	yeol beon-jjae-ui

LOS COLORES. LAS UNIDADES DE MEDIDA

10. Los colores

color (m)	색	sae
matiz (m)	색조	saek-jo
tono (m)	색상	saek-sang
arco (m) iris	무지개	mu-ji-gae
blanco (adj)	흰	huin
negro (adj)	검은	geo-meun
gris (adj)	회색의	hoe-sae-gui
verde (adj)	초록색의	cho-rok-sae-gui
amarillo (adj)	노란	no-ran
rojo (adj)	빨간	ppal-gan
azul (adj)	파란	pa-ran
azul claro (adj)	하늘색의	ha-neul-sae-gui
rosa (adj)	분홍색의	bun-hong-sae-gui
naranja (adj)	주황색의	ju-hwang-sae-gui
violeta (adj)	보라색의	bo-ra-sae-gui
marrón (adj)	갈색의	gal-sae-gui
dorado (adj)	금색의	geum-sae-gui
argentado (adj)	은색의	eun-sae-gui
beige (adj)	베이지색의	be-i-ji-sae-gui
crema (adj)	크림색의	keu-rim-sae-gui
turquesa (adj)	청록색의	cheong-nok-sae-gui
rojo cereza (adj)	암적색의	am-jeok-sae-gui
lila (adj)	연보라색의	yeon-bo-ra-sae-gui
carmesí (adj)	진홍색의	jin-hong-sae-gui
claro (adj)	밝은	bal-geun
oscuro (adj)	짙은	ji-teun
vivo (adj)	선명한	seon-myeong-han
de color (lápiz ~)	색의	sae-gui
en colores (película ~)	컬러의	keol-leo-ui
blanco y negro (adj)	흑백의	heuk-bae-gui
unicolor (adj)	단색의	dan-sae-gui
multicolor (adj)	다색의	da-sae-gui

11. Las unidades de medida

peso (m)	무게	mu-ge
longitud (f)	길이	gi-ri

anchura (f)	폭, 너비	pok, neo-bi
altura (f)	높이	no-pi
profundidad (f)	깊이	gi-pi
volumen (m)	부피	bu-pi
área (f)	면적	myeon-jeok

gramo (m)	그램	geu-raem
miligramo (m)	밀리그램	mil-li-geu-raem
kilogramo (m)	킬로그램	kil-lo-geu-raem
tonelada (f)	톤	ton
libra (f)	파운드	pa-un-deu
onza (f)	온스	on-seu

metro (m)	미터	mi-teo
milímetro (m)	밀리미터	mil-li-mi-teo
centímetro (m)	센티미터	sen-ti-mi-teo
kilómetro (m)	킬로미터	kil-lo-mi-teo
milla (f)	마일	ma-il

pulgada (f)	인치	in-chi
pie (m)	피트	pi-teu
yarda (f)	야드	ya-deu

| metro (m) cuadrado | 제곱미터 | je-gom-mi-teo |
| hectárea (f) | 헥타르 | hek-ta-reu |

litro (m)	리터	ri-teo
grado (m)	도	do
voltio (m)	볼트	bol-teu
amperio (m)	암페어	am-pe-eo
caballo (m) de fuerza	마력	ma-ryeok

cantidad (f)	수량, 양	su-ryang, yang
un poco de ...	··· 조금	... jo-geum
mitad (f)	절반	jeol-ban
docena (f)	다스	da-seu
pieza (f)	조각	jo-gak

| dimensión (f) | 크기 | keu-gi |
| escala (f) (del mapa) | 축척 | chuk-cheok |

mínimo (adj)	최소의	choe-so-ui
el más pequeño (adj)	가장 작은	ga-jang ja-geun
medio (adj)	중간의	jung-gan-ui
máximo (adj)	최대의	choe-dae-ui
el más grande (adj)	가장 큰	ga-jang keun

12. Contenedores

tarro (m) de vidrio	유리병	yu-ri-byeong
lata (f)	캔, 깡통	kaen, kkang-tong
cubo (m)	양동이	yang-dong-i
barril (m)	통	tong
palangana (f)	대야	dae-ya

tanque (m)	탱크	taeng-keu
petaca (f) (de alcohol)	휴대용 술병	hyu-dae-yong sul-byeong
bidón (m) de gasolina	통	tong
cisterna (f)	탱크	taeng-keu
taza (f) (mug de cerámica)	머그컵	meo-geu-keop
taza (f) (~ de café)	컵	keop
platillo (m)	받침 접시	bat-chim jeop-si
vaso (m) (~ de agua)	유리잔	yu-ri-jan
copa (f) (~ de vino)	와인글라스	wa-in-geul-la-seu
olla (f)	냄비	naem-bi
botella (f)	병	byeong
cuello (m) de botella	병목	byeong-mok
garrafa (f)	디캔터	di-kaen-teo
jarro (m) (~ de agua)	물병	mul-byeong
recipiente (m)	용기	yong-gi
tarro (m)	항아리	hang-a-ri
florero (m)	화병	hwa-byeong
frasco (m) (~ de perfume)	향수병	hyang-su-byeong
frasquito (m)	약병	yak-byeong
tubo (m)	튜브	tyu-beu
saco (m) (~ de azúcar)	자루	ja-ru
bolsa (f) (~ plástica)	봉투	bong-tu
paquete (m) (~ de cigarrillos)	갑	gap
caja (f)	박스	bak-seu
cajón (m) (~ de madera)	상자	sang-ja
cesta (f)	바구니	ba-gu-ni

LOS VERBOS MÁS IMPORTANTES

13. Los verbos más importantes. Unidad 1

abrir (vt)	열다	yeol-da
acabar, terminar (vt)	끝내다	kkeun-nae-da
aconsejar (vt)	조언하다	jo-eon-ha-da
adivinar (vt)	추측하다	chu-cheuk-a-da
advertir (vt)	경고하다	gyeong-go-ha-da
alabarse, jactarse (vr)	자랑하다	ja-rang-ha-da
almorzar (vi)	점심을 먹다	jeom-si-meul meok-da
alquilar (~ una casa)	임대하다	im-dae-ha-da
amenazar (vt)	협박하다	hyeop-bak-a-da
arrepentirse (vr)	후회하다	hu-hoe-ha-da
ayudar (vt)	도와주다	do-wa-ju-da
bañarse (vr)	수영하다	su-yeong-ha-da
bromear (vi)	농담하다	nong-dam-ha-da
buscar (vt)	… 를 찾다	… reul chat-da
caer (vi)	떨어지다	tteo-reo-ji-da
callarse (vr)	침묵을 지키다	chim-mu-geul ji-ki-da
cambiar (vt)	바꾸다	ba-kku-da
castigar, punir (vt)	처벌하다	cheo-beol-ha-da
cavar (vt)	파다	pa-da
cazar (vi, vt)	사냥하다	sa-nyang-ha-da
cenar (vi)	저녁을 먹다	jeo-nyeo-geul meok-da
cesar (vt)	그만두다	geu-man-du-da
coger (vt)	잡다	jap-da
comenzar (vt)	시작하다	si-jak-a-da
comparar (vt)	비교하다	bi-gyo-ha-da
comprender (vt)	이해하다	i-hae-ha-da
confiar (vt)	신뢰하다	sil-loe-ha-da
confundir (vt)	혼동하다	hon-dong-ha-da
conocer (~ a alguien)	알다	al-da
contar (vt) (enumerar)	세다	se-da
contar con …	… 에 의지하다	… e ui-ji-ha-da
continuar (vt)	계속하다	gye-sok-a-da
controlar (vt)	제어하다	je-eo-ha-da
correr (vi)	달리다	dal-li-da
costar (vt)	값이 … 이다	gap-si … i-da
crear (vt)	창조하다	chang-jo-ha-da

14. Los verbos más importantes. Unidad 2

dar (vt)	주다	ju-da
dar una pista	힌트를 주다	hin-teu-reul ju-da

decir (vt)	말하다	mal-ha-da
decorar (para la fiesta)	장식하다	jang-sik-a-da
defender (vt)	방어하다	bang-eo-ha-da
dejar caer	떨어뜨리다	tteo-reo-tteu-ri-da
desayunar (vi)	아침을 먹다	a-chi-meul meok-da
descender (vi)	내려오다	nae-ryeo-o-da
dirigir (administrar)	운영하다	u-nyeong-ha-da
disculparse (vr)	사과하다	sa-gwa-ha-da
discutir (vt)	의논하다	ui-non-ha-da
dudar (vt)	의심하다	ui-sim-ha-da
encontrar (hallar)	찾다	chat-da
engañar (vi, vt)	속이다	so-gi-da
entrar (vi)	들어가다	deu-reo-ga-da
enviar (vt)	보내다	bo-nae-da
equivocarse (vr)	실수하다	sil-su-ha-da
escoger (vt)	선택하다	seon-taek-a-da
esconder (vt)	숨기다	sum-gi-da
escribir (vt)	쓰다	sseu-da
esperar (aguardar)	기다리다	gi-da-ri-da
esperar (tener esperanza)	희망하다	hui-mang-ha-da
estar de acuerdo	동의하다	dong-ui-ha-da
estudiar (vt)	공부하다	gong-bu-ha-da
exigir (vt)	요구하다	yo-gu-ha-da
existir (vi)	존재하다	jon-jae-ha-da
explicar (vt)	설명하다	seol-myeong-ha-da
faltar (a las clases)	결석하다	gyeol-seok-a-da
firmar (~ el contrato)	서명하다	seo-myeong-ha-da
girar (~ a la izquierda)	돌다	dol-da
gritar (vi)	소리치다	so-ri-chi-da
guardar (conservar)	보관하다	bo-gwan-ha-da
gustar (vi)	좋아하다	jo-a-ha-da
hablar (vi, vt)	말하다	mal-ha-da
hacer (vt)	하다	ha-da
informar (vt)	알리다	al-li-da
insistir (vi)	주장하다	ju-jang-ha-da
insultar (vt)	모욕하다	mo-yok-a-da
interesarse (vr)	··· 에 관심을 가지다	... e gwan-si-meul ga-ji-da
invitar (vt)	초대하다	cho-dae-ha-da
ir (a pie)	가다	ga-da
jugar (divertirse)	놀다	nol-da

15. Los verbos más importantes. Unidad 3

leer (vi, vt)	읽다	ik-da
liberar (ciudad, etc.)	해방하다	hae-bang-ha-da
llamar (por ayuda)	부르다, 요청하다	bu-reu-da, yo-cheong-ha-da

llegar (vi)	도착하다	do-chak-a-da
llorar (vi)	울다	ul-da
matar (vt)	죽이다	ju-gi-da
mencionar (vt)	언급하다	eon-geu-pa-da
mostrar (vt)	보여주다	bo-yeo-ju-da
nadar (vi)	수영하다	su-yeong-ha-da
negarse (vr)	거절하다	geo-jeol-ha-da
objetar (vt)	반대하다	ban-dae-ha-da
observar (vt)	지켜보다	ji-kyeo-bo-da
oír (vt)	듣다	deut-da
olvidar (vt)	잊다	it-da
orar (vi)	기도하다	gi-do-ha-da
ordenar (mil.)	명령하다	myeong-nyeong-ha-da
pagar (vi, vt)	지불하다	ji-bul-ha-da
pararse (vr)	정지하다	jeong-ji-ha-da
participar (vi)	참가하다	cham-ga-ha-da
pedir (ayuda, etc.)	부탁하다	bu-tak-a-da
pedir (en restaurante)	주문하다	ju-mun-ha-da
pensar (vi, vt)	생각하다	saeng-gak-a-da
percibir (ver)	알아차리다	a-ra-cha-ri-da
perdonar (vt)	용서하다	yong-seo-ha-da
permitir (vt)	허가하다	heo-ga-ha-da
pertenecer a …	… 에 속하다	… e sok-a-da
planear (vt)	계획하다	gye-hoek-a-da
poder (v aux)	할 수 있다	hal su it-da
poseer (vt)	소유하다	so-yu-ha-da
preferir (vt)	선호하다	seon-ho-ha-da
preguntar (vt)	묻다	mut-da
preparar (la cena)	요리하다	yo-ri-ha-da
prever (vt)	예상하다	ye-sang-ha-da
probar, tentar (vt)	해보다	hae-bo-da
prometer (vt)	약속하다	yak-sok-a-da
pronunciar (vt)	발음하다	ba-reum-ha-da
proponer (vt)	제안하다	je-an-ha-da
quebrar (vt)	깨뜨리다	kkae-tteu-ri-da
quejarse (vr)	불평하다	bul-pyeong-ha-da
querer (amar)	사랑하다	sa-rang-ha-da
querer (desear)	원하다	won-ha-da

16. Los verbos más importantes. Unidad 4

recomendar (vt)	추천하다	chu-cheon-ha-da
regañar, reprender (vt)	꾸짖다	kku-jit-da
reírse (vr)	웃다	ut-da
repetir (vt)	반복하다	ban-bok-a-da
reservar (~ una mesa)	예약하다	ye-yak-a-da

responder (vi, vt)	대답하다	dae-da-pa-da

robar (vt)	훔치다	hum-chi-da
saber (~ algo mas)	알다	al-da
salir (vi)	나가다	na-ga-da
salvar (vt)	구조하다	gu-jo-ha-da
seguir ...	··· 를 따라가다	... reul tta-ra-ga-da
sentarse (vr)	앉다	an-da

ser necesario	필요하다	pi-ryo-ha-da
significar (vt)	의미하다	ui-mi-ha-da
sonreír (vi)	미소를 짓다	mi-so-reul jit-da
sorprenderse (vr)	놀라다	nol-la-da

subestimar (vt)	과소평가하다	gwa-so-pyeong-ga-ha-da
tener (vt)	가지다	ga-ji-da
tener hambre	배가 고프다	bae-ga go-peu-da
tener miedo	무서워하다	mu-seo-wo-ha-da

tener prisa	서두르다	seo-du-reu-da
tener sed	목마르다	mong-ma-reu-da
tirar, disparar (vi)	쏘다	sso-da
tocar (con las manos)	닿다	da-ta
tomar (vt)	잡다	jap-da
tomar nota	적다	jeok-da

trabajar (vi)	일하다	il-ha-da
traducir (vt)	번역하다	beo-nyeok-a-da
unir (vt)	연합하다	yeon-ha-pa-da
vender (vt)	팔다	pal-da
ver (vt)	보다	bo-da
volar (pájaro, avión)	날다	nal-da

LA HORA. EL CALENDARIO

17. Los días de la semana

lunes (m)	월요일	wo-ryo-il
martes (m)	화요일	hwa-yo-il
miércoles (m)	수요일	su-yo-il
jueves (m)	목요일	mo-gyo-il
viernes (m)	금요일	geu-myo-il
sábado (m)	토요일	to-yo-il
domingo (m)	일요일	i-ryo-il
hoy (adv)	오늘	o-neul
mañana (adv)	내일	nae-il
pasado mañana	모레	mo-re
ayer (adv)	어제	eo-je
anteayer (adv)	그저께	geu-jeo-kke
día (m)	낮	nat
día (m) de trabajo	근무일	geun-mu-il
día (m) de fiesta	공휴일	gong-hyu-il
día (m) de descanso	휴일	hyu-il
fin (m) de semana	주말	ju-mal
todo el día	하루종일	ha-ru-jong-il
al día siguiente	다음날	da-eum-nal
dos días atrás	이틀 전	i-teul jeon
en vísperas (adv)	전날	jeon-nal
diario (adj)	일간의	il-ga-nui
cada día (adv)	매일	mae-il
semana (f)	주	ju
semana (f) pasada	지난 주에	ji-nan ju-e
semana (f) que viene	다음 주에	da-eum ju-e
semanal (adj)	주간의	ju-ga-nui
cada semana (adv)	매주	mae-ju
2 veces por semana	일주일에 두번	il-ju-i-re du-beon
todos los martes	매주 화요일	mae-ju hwa-yo-il

18. Las horas. El día y la noche

mañana (f)	아침	a-chim
por la mañana	아침에	a-chim-e
mediodía (m)	정오	jeong-o
por la tarde	오후에	o-hu-e
noche (f)	저녁	jeo-nyeok
por la noche	저녁에	jeo-nyeo-ge

noche (f) (p.ej. 2:00 a.m.)	밤	bam
por la noche	밤에	bam-e
medianoche (f)	자정	ja-jeong
segundo (m)	초	cho
minuto (m)	분	bun
hora (f)	시	si
media hora (f)	반시간	ban-si-gan
cuarto (m) de hora	십오분	si-bo-bun
quince minutos	십오분	si-bo-bun
veinticuatro horas	이십사시간	i-sip-sa-si-gan
salida (f) del sol	일출	il-chul
amanecer (m)	새벽	sae-byeok
madrugada (f)	이른 아침	i-reun a-chim
puesta (f) del sol	저녁 노을	jeo-nyeok no-eul
de madrugada	이른 아침에	i-reun a-chim-e
esta mañana	오늘 아침에	o-neul ra-chim-e
mañana por la mañana	내일 아침에	nae-il ra-chim-e
esta tarde	오늘 오후에	o-neul ro-hu-e
por la tarde	오후에	o-hu-e
mañana por la tarde	내일 오후에	nae-il ro-hu-e
esta noche (p.ej. 8:00 p.m.)	오늘 저녁에	o-neul jeo-nyeo-ge
mañana por la noche	내일 밤에	nae-il bam-e
a las tres en punto	3시 정각에	se-si jeong-ga-ge
a eso de las cuatro	4시쯤에	ne-si-jjeu-me
para las doce	12시까지	yeoldu si-kka-ji
dentro de veinte minutos	20분 안에	isib-bun na-ne
dentro de una hora	한 시간 안에	han si-gan na-ne
a tiempo (adv)	제시간에	je-si-gan-e
... menos cuarto	... 십오 분	... si-bo bun
durante una hora	한 시간 내에	han si-gan nae-e
cada quince minutos	15분 마다	sibo-bun ma-da
día y noche	하루종일	ha-ru-jong-il

19. Los meses. Las estaciones

enero (m)	일월	i-rwol
febrero (m)	이월	i-wol
marzo (m)	삼월	sam-wol
abril (m)	사월	sa-wol
mayo (m)	오월	o-wol
junio (m)	유월	yu-wol
julio (m)	칠월	chi-rwol
agosto (m)	팔월	pa-rwol
septiembre (m)	구월	gu-wol
octubre (m)	시월	si-wol

noviembre (m)	십일월	si-bi-rwol
diciembre (m)	십이월	si-bi-wol
primavera (f)	봄	bom
en primavera	봄에	bom-e
de primavera (adj)	봄의	bom-ui
verano (m)	여름	yeo-reum
en verano	여름에	yeo-reum-e
de verano (adj)	여름의	yeo-reu-mui
otoño (m)	가을	ga-eul
en otoño	가을에	ga-eu-re
de otoño (adj)	가을의	ga-eu-rui
invierno (m)	겨울	gyeo-ul
en invierno	겨울에	gyeo-u-re
de invierno (adj)	겨울의	gyeo-ul
mes (m)	월, 달	wol, dal
este mes	이번 달에	i-beon da-re
al mes siguiente	다음 달에	da-eum da-re
el mes pasado	지난 달에	ji-nan da-re
hace un mes	한달 전에	han-dal jeon-e
dentro de un mes	한 달 안에	han dal ra-ne
dentro de dos meses	두 달 안에	du dal ra-ne
todo el mes	한 달 내내	han dal lae-nae
todo un mes	한달간 내내	han-dal-gan nae-nae
mensual (adj)	월간의	wol-ga-nui
mensualmente (adv)	매월, 매달	mae-wol, mae-dal
cada mes	매달	mae-dal
dos veces por mes	한 달에 두 번	han da-re du beon
año (m)	년	nyeon
este año	올해	ol-hae
el próximo año	내년	nae-nyeon
el año pasado	작년	jang-nyeon
hace un año	일년 전	il-lyeon jeon
dentro de un año	일 년 안에	il lyeon na-ne
dentro de dos años	이 년 안에	i nyeon na-ne
todo el año	한 해 전체	han hae jeon-che
todo un año	일년 내내	il-lyeon nae-nae
cada año	매년	mae-nyeon
anual (adj)	연간의	yeon-ga-nui
anualmente (adv)	매년	mae-nyeon
cuatro veces por año	일년에 네 번	il-lyeon-e ne beon
fecha (f) (la ~ de hoy es ...)	날짜	nal-jja
fecha (f) (~ de entrega)	월일	wo-ril
calendario (m)	달력	dal-lyeok
medio año (m)	반년	ban-nyeon
seis meses	육개월	yuk-gae-wol

| estación (f) | 계절 | gye-jeol |
| siglo (m) | 세기 | se-gi |

EL VIAJE. EL HOTEL

20. Las vacaciones. El viaje

turismo (m)	관광	gwan-gwang
turista (m)	관광객	gwan-gwang-gaek
viaje (m)	여행	yeo-haeng
aventura (f)	모험	mo-heom
viaje (m) (p.ej. ~ en coche)	여행	yeo-haeng
vacaciones (f pl)	휴가	hyu-ga
estar de vacaciones	휴가 중이다	hyu-ga jung-i-da
descanso (m)	휴양	hyu-yang
tren (m)	기차	gi-cha
en tren	기차로	gi-cha-ro
avión (m)	비행기	bi-haeng-gi
en avión	비행기로	bi-haeng-gi-ro
en coche	자동차로	ja-dong-cha-ro
en barco	배로	bae-ro
equipaje (m)	짐, 수하물	jim, su-ha-mul
maleta (f)	여행 가방	yeo-haeng ga-bang
carrito (m) de equipaje	수하물 카트	su-ha-mul ka-teu
pasaporte (m)	여권	yeo-gwon
visado (m)	비자	bi-ja
billete (m)	표	pyo
billete (m) de avión	비행기표	bi-haeng-gi-pyo
guía (f) (libro)	여행 안내서	yeo-haeng an-nae-seo
mapa (m)	지도	ji-do
área (f) (~ rural)	지역	ji-yeok
lugar (m)	곳	got
exotismo (m)	이국	i-guk
exótico (adj)	이국적인	i-guk-jeo-gin
asombroso (adj)	놀라운	nol-la-un
grupo (m)	무리	mu-ri
excursión (f)	견학, 관광	gyeon-hak, gwan-gwang
guía (m) (persona)	가이드	ga-i-deu

21. El hotel

hotel (m), motel (m)	호텔	ho-tel
motel (m)	모텔	mo-tel
de tres estrellas	3성급	sam-seong-geub

de cinco estrellas	5성급	o-seong-geub
hospedarse (vr)	머무르다	meo-mu-reu-da
habitación (f)	객실	gaek-sil
habitación (f) individual	일인실	i-rin-sil
habitación (f) doble	더블룸	deo-beul-lum
reservar una habitación	방을 예약하다	bang-eul rye-yak-a-da
media pensión (f)	하숙	ha-suk
pensión (f) completa	식사 제공	sik-sa je-gong
con baño	욕조가 있는	yok-jo-ga in-neun
con ducha	샤워가 있는	sya-wo-ga in-neun
televisión (f) satélite	위성 텔레비전	wi-seong tel-le-bi-jeon
climatizador (m)	에어컨	e-eo-keon
toalla (f)	수건	su-geon
llave (f)	열쇠	yeol-soe
administrador (m)	관리자	gwal-li-ja
camarera (f)	객실 청소부	gaek-sil cheong-so-bu
maletero (m)	포터	po-teo
portero (m)	도어맨	do-eo-maen
restaurante (m)	레스토랑	re-seu-to-rang
bar (m)	바	ba
desayuno (m)	아침식사	a-chim-sik-sa
cena (f)	저녁식사	jeo-nyeok-sik-sa
buffet (m) libre	뷔페	bwi-pe
vestíbulo (m)	로비	ro-bi
ascensor (m)	엘리베이터	el-li-be-i-teo
NO MOLESTAR	방해하지 마세요	bang-hae-ha-ji ma-se-yo
PROHIBIDO FUMAR	금연	geu-myeon

22. El turismo. La excursión

monumento (m)	기념비	gi-nyeom-bi
fortaleza (f)	요새	yo-sae
palacio (m)	궁전	gung-jeon
castillo (m)	성	seong
torre (f)	탑	tap
mausoleo (m)	영묘	yeong-myo
arquitectura (f)	건축	geon-chuk
medieval (adj)	중세의	jung-se-ui
antiguo (adj)	고대의	go-dae-ui
nacional (adj)	국가의	guk-ga-ui
conocido (adj)	유명한	yu-myeong-han
turista (m)	관광객	gwan-gwang-gaek
guía (m) (persona)	가이드	ga-i-deu
excursión (f)	견학, 관광	gyeon-hak, gwan-gwang
mostrar (vt)	보여주다	bo-yeo-ju-da

contar (una historia)	이야기하다	i-ya-gi-ha-da
encontrar (hallar)	찾다	chat-da
perderse (vr)	길을 잃다	gi-reul ril-ta
plano (m) (~ de metro)	노선도	no-seon-do
mapa (m) (~ de la ciudad)	지도	ji-do
recuerdo (m)	기념품	gi-nyeom-pum
tienda (f) de regalos	기념품 가게	gi-nyeom-pum ga-ge
hacer fotos	사진을 찍다	sa-ji-neul jjik-da
fotografiarse (vr)	사진을 찍다	sa-ji-neul jjik-da

EL TRANSPORTE

23. El aeropuerto

aeropuerto (m)	공항	gong-hang
avión (m)	비행기	bi-haeng-gi
compañía (f) aérea	항공사	hang-gong-sa
controlador (m) aéreo	관제사	gwan-je-sa
despegue (m)	출발	chul-bal
llegada (f)	도착	do-chak
llegar (en avión)	도착하다	do-chak-a-da
hora (f) de salida	출발시간	chul-bal-si-gan
hora (f) de llegada	도착시간	do-chak-si-gan
retrasarse (vr)	연기되다	yeon-gi-doe-da
retraso (m) de vuelo	항공기 지연	hang-gong-gi ji-yeon
pantalla (f) de información	안내 전광판	an-nae jeon-gwang-pan
información (f)	정보	jeong-bo
anunciar (vt)	알리다	al-li-da
vuelo (m)	비행편	bi-haeng-pyeon
aduana (f)	세관	se-gwan
aduanero (m)	세관원	se-gwan-won
declaración (f) de aduana	세관신고서	se-gwan-sin-go-seo
rellenar la declaración	세관 신고서를 작성하다	se-gwan sin-go-seo-reul jak-seong-ha-da
control (m) de pasaportes	여권 검사	yeo-gwon geom-sa
equipaje (m)	짐, 수하물	jim, su-ha-mul
equipaje (m) de mano	휴대 가능 수하물	hyu-dae ga-neung su-ha-mul
carrito (m) de equipaje	수하물 카트	su-ha-mul ka-teu
aterrizaje (m)	착륙	chang-nyuk
pista (f) de aterrizaje	활주로	hwal-ju-ro
aterrizar (vi)	착륙하다	chang-nyuk-a-da
escaleras (f pl) (de avión)	승강계단	seung-gang-gye-dan
facturación (f) (check-in)	체크인	che-keu-in
mostrador (m) de facturación	체크인 카운터	che-keu-in ka-un-teo
hacer el check-in	체크인하다	che-keu-in-ha-da
tarjeta (f) de embarque	탑승권	tap-seung-gwon
puerta (f) de embarque	탑승구	tap-seung-gu
tránsito (m)	트랜싯, 환승	teu-raen-sit, hwan-seung
esperar (aguardar)	기다리다	gi-da-ri-da
zona (f) de preembarque	공항 라운지	gong-hang na-un-ji

| despedir (vt) | 배웅하다 | bae-ung-ha-da |
| despedirse (vr) | 작별인사를 하다 | jak-byeo-rin-sa-reul ha-da |

24. El avión

avión (m)	비행기	bi-haeng-gi
billete (m) de avión	비행기표	bi-haeng-gi-pyo
compañía (f) aérea	항공사	hang-gong-sa
aeropuerto (m)	공항	gong-hang
supersónico (adj)	초음속의	cho-eum-so-gui

piloto (m)	비행사	bi-haeng-sa
azafata (f)	승무원	seung-mu-won
navegador (m)	항법사	hang-beop-sa

alas (f pl)	날개	nal-gae
cola (f)	꼬리	kko-ri
cabina (f)	조종석	jo-jong-seok
motor (m)	엔진	en-jin
tren (m) de aterrizaje	착륙 장치	chang-nyuk jang-chi
turbina (f)	터빈	teo-bin

hélice (f)	추진기	chu-jin-gi
caja (f) negra	블랙박스	beul-laek-bak-seu
timón (m)	조종간	jo-jong-gan
combustible (m)	연료	yeol-lyo

instructivo (m) de seguridad	안전 안내서	an-jeon an-nae-seo
respirador (m) de oxígeno	산소 마스크	san-so ma-seu-keu
uniforme (m)	제복	je-bok
chaleco (m) salvavidas	구명조끼	gu-myeong-jo-kki
paracaídas (m)	낙하산	nak-a-san

despegue (m)	이륙	i-ryuk
despegar (vi)	이륙하다	i-ryuk-a-da
pista (f) de despegue	활주로	hwal-ju-ro

visibilidad (f)	시계	si-gye
vuelo (m)	비행	bi-haeng
altura (f)	고도	go-do
pozo (m) de aire	에어 포켓	e-eo po-ket

asiento (m)	자리	ja-ri
auriculares (m pl)	헤드폰	he-deu-pon
mesita (f) plegable	접는 테이블	jeom-neun te-i-beul
ventana (f)	창문	chang-mun
pasillo (m)	통로	tong-no

25. El tren

| tren (m) | 기차, 열차 | gi-cha, nyeol-cha |
| tren (m) de cercanías | 통근 열차 | tong-geun nyeol-cha |

tren (m) rápido	급행 열차	geu-paeng yeol-cha
locomotora (f) diésel	디젤 기관차	di-jel gi-gwan-cha
tren (m) de vapor	증기 기관차	jeung-gi gi-gwan-cha

| coche (m) | 객차 | gaek-cha |
| coche (m) restaurante | 식당차 | sik-dang-cha |

rieles (m pl)	레일	re-il
ferrocarril (m)	철도	cheol-do
traviesa (f)	침목	chim-mok

plataforma (f)	플랫폼	peul-laet-pom
vía (f)	길	gil
semáforo (m)	신호기	sin-ho-gi
estación (f)	역	yeok

maquinista (m)	기관사	gi-gwan-sa
maletero (m)	포터	po-teo
mozo (m) del vagón	차장	cha-jang
pasajero (m)	승객	seung-gaek
revisor (m)	검표원	geom-pyo-won

| corredor (m) | 통로 | tong-no |
| freno (m) de urgencia | 비상 브레이크 | bi-sang beu-re-i-keu |

compartimiento (m)	침대차	chim-dae-cha
litera (f)	침대	chim-dae
litera (f) de arriba	윗침대	wit-chim-dae
litera (f) de abajo	아래 침대	a-rae chim-dae
ropa (f) de cama	침구	chim-gu

billete (m)	표	pyo
horario (m)	시간표	si-gan-pyo
pantalla (f) de información	안내 전광판	an-nae jeon-gwang-pan

partir (vi)	떠난다	tteo-na-da
partida (f) (del tren)	출발	chul-bal
llegar (tren)	도착하다	do-chak-a-da
llegada (f)	도착	do-chak

llegar en tren	기차로 도착하다	gi-cha-ro do-chak-a-da
tomar el tren	기차에 타다	gi-cha-e ta-da
bajar del tren	기차에서 내리다	gi-cha-e-seo nae-ri-da

descarrilamiento (m)	기차 사고	gi-cha sa-go
tren (m) de vapor	증기 기관차	jeung-gi gi-gwan-cha
fogonero (m)	화부	hwa-bu
hogar (m)	화실	hwa-sil
carbón (m)	석탄	seok-tan

26. El barco

| barco, buque (m) | 배 | bae |
| navío (m) | 배 | bae |

buque (m) de vapor	증기선	jeung-gi-seon
motonave (f)	강배	gang-bae
trasatlántico (m)	크루즈선	keu-ru-jeu-seon
crucero (m)	순양함	su-nyang-ham
yate (m)	요트	yo-teu
remolcador (m)	예인선	ye-in-seon
velero (m)	범선	beom-seon
bergantín (m)	쌍돛대 범선	ssang-dot-dae beom-seon
rompehielos (m)	쇄빙선	swae-bing-seon
submarino (m)	잠수함	jam-su-ham
bote (m) de remo	보트	bo-teu
bote (m)	종선	jong-seon
bote (m) salvavidas	구조선	gu-jo-seon
lancha (f) motora	모터보트	mo-teo-bo-teu
capitán (m)	선장	seon-jang
marinero (m)	수부	su-bu
marino (m)	선원	seon-won
tripulación (f)	승무원	seung-mu-won
contramaestre (m)	갑판장	gap-pan-jang
cocinero (m) de abordo	요리사	yo-ri-sa
médico (m) del buque	선의	seon-ui
cubierta (f)	갑판	gap-pan
mástil (m)	돛대	dot-dae
vela (f)	돛	dot
bodega (f)	화물칸	hwa-mul-kan
proa (f)	이물	i-mul
popa (f)	고물	go-mul
remo (m)	노	no
hélice (f)	스크루	seu-keu-ru
camarote (m)	선실	seon-sil
sala (f) de oficiales	사관실	sa-gwan-sil
sala (f) de máquinas	엔진실	en-jin-sil
sala (f) de radio	무전실	mu-jeon-sil
onda (f)	전파	jeon-pa
anteojo (m)	망원경	mang-won-gyeong
campana (f)	종	jong
bandera (f)	기	gi
cabo (m) (maroma)	밧줄	bat-jul
nudo (m)	매듭	mae-deup
pasamano (m)	난간	nan-gan
pasarela (f)	사다리	sa-da-ri
ancla (f)	닻	dat
levar ancla	닻을 올리다	da-cheul rol-li-da

| echar ancla | 닻을 내리다 | da-cheul lae-ri-da |
| cadena (f) del ancla | 닻줄 | dat-jul |

puerto (m)	항구	hang-gu
embarcadero (m)	부두	bu-du
amarrar (vt)	정박시키다	jeong-bak-si-ki-da
desamarrar (vt)	출항하다	chul-hang-ha-da

viaje (m)	여행	yeo-haeng
crucero (m) (viaje)	크루즈	keu-ru-jeu
derrota (f) (rumbo)	항로	hang-no
itinerario (m)	노선	no-seon

canal (m) navegable	항로	hang-no
bajío (m)	얕은 곳	ya-teun got
encallar (vi)	좌초하다	jwa-cho-ha-da

tempestad (f)	폭풍우	pok-pung-u
señal (f)	신호	sin-ho
hundirse (vr)	가라앉다	ga-ra-an-da
SOS	조난 신호	jo-nan sin-ho
aro (m) salvavidas	구명부환	gu-myeong-bu-hwan

LA CIUDAD

27. El transporte urbano

autobús (m)	버스	beo-seu
tranvía (m)	전차	jeon-cha
trolebús (m)	트롤리 버스	teu-rol-li beo-seu
itinerario (m)	노선	no-seon
número (m)	번호	beon-ho
ir en ...	... 타고 가다	... ta-go ga-da
tomar (~ el autobús)	타다	ta-da
bajar (~ del tren)	... 에서 내리다	... e-seo nae-ri-da
parada (f)	정류장	jeong-nyu-jang
próxima parada (f)	다음 정류장	da-eum jeong-nyu-jang
parada (f) final	종점	jong-jeom
horario (m)	시간표	si-gan-pyo
esperar (aguardar)	기다리다	gi-da-ri-da
billete (m)	표	pyo
precio (m) del billete	요금	yo-geum
cajero (m)	계산원	gye-san-won
control (m) de billetes	검표	geom-pyo
revisor (m)	검표원	geom-pyo-won
llegar tarde (vi)	... 시간에 늦다	... si-gan-e neut-da
perder (~ el tren)	놓치다	no-chi-da
tener prisa	서두르다	seo-du-reu-da
taxi (m)	택시	taek-si
taxista (m)	택시 운전 기사	taek-si un-jeon gi-sa
en taxi	택시로	taek-si-ro
parada (f) de taxi	택시 정류장	taek-si jeong-nyu-jang
llamar un taxi	택시를 부르다	taek-si-reul bu-reu-da
tomar un taxi	택시를 타다	taek-si-reul ta-da
tráfico (m)	교통	gyo-tong
atasco (m)	교통 체증	gyo-tong che-jeung
horas (f pl) de punta	러시 아워	reo-si a-wo
aparcar (vi)	주차하다	ju-cha-ha-da
aparcar (vt)	주차하다	ju-cha-ha-da
aparcamiento (m)	주차장	ju-cha-jang
metro (m)	지하철	ji-ha-cheol
estación (f)	역	yeok
ir en el metro	지하철을 타다	ji-ha-cheo-reul ta-da
tren (m)	기차	gi-cha
estación (f)	기차역	gi-cha-yeok

28. La ciudad. La vida en la ciudad

ciudad (f)	도시	do-si
capital (f)	수도	su-do
aldea (f)	마을	ma-eul
plano (m) de la ciudad	도시 지도	do-si ji-do
centro (m) de la ciudad	시내	si-nae
suburbio (m)	근교	geun-gyo
suburbano (adj)	근교의	geun-gyo-ui
afueras (f pl)	주변	ju-byeon
barrio (m)	한 구획	han gu-hoek
zona (f) de viviendas	동	dong
tráfico (m)	교통	gyo-tong
semáforo (m)	신호등	sin-ho-deung
transporte (m) urbano	대중교통	dae-jung-gyo-tong
cruce (m)	교차로	gyo-cha-ro
paso (m) de peatones	횡단 보도	hoeng-dan bo-do
paso (m) subterráneo	지하 보도	ji-ha bo-do
cruzar (vt)	건너가다	geon-neo-ga-da
peatón (m)	보행자	bo-haeng-ja
acera (f)	인도	in-do
puente (m)	다리	da-ri
muelle (m)	강변로	gang-byeon-no
alameda (f)	길	gil
parque (m)	공원	gong-won
bulevar (m)	대로	dae-ro
plaza (f)	광장	gwang-jang
avenida (f)	가로	ga-ro
calle (f)	거리	geo-ri
callejón (m)	골목	gol-mok
callejón (m) sin salida	막다른길	mak-da-reun-gil
casa (f)	집	jip
edificio (m)	빌딩	bil-ding
rascacielos (m)	고층 건물	go-cheung geon-mul
fachada (f)	전면	jeon-myeon
techo (m)	지붕	ji-bung
ventana (f)	창문	chang-mun
arco (m)	아치	a-chi
columna (f)	기둥	gi-dung
esquina (f)	모퉁이	mo-tung-i
escaparate (f)	쇼윈도우	syo-win-do-u
letrero (m) (~ luminoso)	간판	gan-pan
cartel (m)	포스터	po-seu-teo
cartel (m) publicitario	광고 포스터	gwang-go po-seu-teo
valla (f) publicitaria	광고판	gwang-go-pan
basura (f)	쓰레기	sseu-re-gi

| cajón (m) de basura | 쓰레기통 | sseu-re-gi-tong |
| basurero (m) | 쓰레기장 | sseu-re-gi-jang |

cabina (f) telefónica	공중 전화	gong-jung jeon-hwa
farola (f)	가로등	ga-ro-deung
banco (m) (del parque)	벤치	ben-chi

policía (m)	경찰관	gyeong-chal-gwan
policía (f) (~ nacional)	경찰	gyeong-chal
mendigo (m)	거지	geo-ji
persona (f) sin hogar	노숙자	no-suk-ja

29. Las instituciones urbanas

tienda (f)	가게, 상점	ga-ge, sang-jeom
farmacia (f)	약국	yak-guk
óptica (f)	안경 가게	an-gyeong ga-ge
centro (m) comercial	쇼핑몰	syo-ping-mol
supermercado (m)	슈퍼마켓	syu-peo-ma-ket

panadería (f)	빵집	ppang-jip
panadero (m)	제빵사	je-ppang-sa
pastelería (f)	제과점	je-gwa-jeom
tienda (f) de comestibles	식료품점	sing-nyo-pum-jeom
carnicería (f)	정육점	jeong-yuk-jeom

| verdulería (f) | 야채 가게 | ya-chae ga-ge |
| mercado (m) | 시장 | si-jang |

cafetería (f)	커피숍	keo-pi-syop
restaurante (m)	레스토랑	re-seu-to-rang
cervecería (f)	바	ba
pizzería (f)	피자 가게	pi-ja ga-ge

peluquería (f)	미장원	mi-jang-won
oficina (f) de correos	우체국	u-che-guk
tintorería (f)	드라이 클리닝	deu-ra-i keul-li-ning
estudio (m) fotográfico	사진관	sa-jin-gwan

zapatería (f)	신발 가게	sin-bal ga-ge
librería (f)	서점	seo-jeom
tienda (f) deportiva	스포츠용품 매장	seu-po-cheu-yong-pum mae-jang

arreglos (m pl) de ropa	옷 수선 가게	ot su-seon ga-ge
alquiler (m) de ropa	의류 임대	ui-ryu im-dae
videoclub (m)	비디오 대여	bi-di-o dae-yeo

circo (m)	서커스	seo-keo-seu
zoológico (m)	동물원	dong-mu-rwon
cine (m)	영화관	yeong-hwa-gwan
museo (m)	박물관	bang-mul-gwan
biblioteca (f)	도서관	do-seo-gwan
teatro (m)	극장	geuk-jang

ópera (f)	오페라극장	o-pe-ra-geuk-jang
club (m) nocturno	나이트 클럽	na-i-teu keul-leop
casino (m)	카지노	ka-ji-no

mezquita (f)	모스크	mo-seu-keu
sinagoga (f)	유대교 회당	yu-dae-gyo hoe-dang
catedral (f)	대성당	dae-seong-dang
templo (m)	사원, 신전	sa-won, sin-jeon
iglesia (f)	교회	gyo-hoe

instituto (m)	단과대학	dan-gwa-dae-hak
universidad (f)	대학교	dae-hak-gyo
escuela (f)	학교	hak-gyo

prefectura (f)	도, 현	do, hyeon
alcaldía (f)	시청	si-cheong
hotel (m)	호텔	ho-tel
banco (m)	은행	eun-haeng

embajada (f)	대사관	dae-sa-gwan
agencia (f) de viajes	여행사	yeo-haeng-sa
oficina (f) de información	안내소	an-nae-so
oficina (f) de cambio	환전소	hwan-jeon-so

| metro (m) | 지하철 | ji-ha-cheol |
| hospital (m) | 병원 | byeong-won |

| gasolinera (f) | 주유소 | ju-yu-so |
| aparcamiento (m) | 주차장 | ju-cha-jang |

30. Los avisos

letrero (m) (~ luminoso)	간판	gan-pan
cartel (m) (texto escrito)	안내문	an-nae-mun
pancarta (f)	포스터	po-seu-teo
señal (m) de dirección	방향표시	bang-hyang-pyo-si
flecha (f) (signo)	화살표	hwa-sal-pyo

advertencia (f)	경고	gyeong-go
aviso (m)	경고판	gyeong-go-pan
advertir (vt)	경고하다	gyeong-go-ha-da

día (m) de descanso	휴일	hyu-il
horario (m)	시간표	si-gan-pyo
horario (m) de apertura	영업 시간	yeong-eop si-gan

¡BIENVENIDOS!	어서 오세요!	eo-seo o-se-yo!
ENTRADA	입구	ip-gu
SALIDA	출구	chul-gu

EMPUJAR	미세요	mi-se-yo
TIRAR	당기세요	dang-gi-se-yo
ABIERTO	열림	yeol-lim
CERRADO	닫힘	da-chim

| MUJERES | 여성전용 | yeo-seong-jeo-nyong |
| HOMBRES | 남성 | nam-seong-jeo-nyong |

REBAJAS	할인	ha-rin
SALDOS	세일	se-il
NOVEDAD	신상품	sin-sang-pum
GRATIS	공짜	gong-jja

¡ATENCIÓN!	주의!	ju-ui!
COMPLETO	빈 방 없음	bin bang eop-seum
RESERVADO	예약석	ye-yak-seok

| ADMINISTRACIÓN | 관리부 | gwal-li-bu |
| SÓLO PERSONAL AUTORIZADO | 직원 전용 | ji-gwon jeo-nyong |

CUIDADO CON EL PERRO	개조심	gae-jo-sim
PROHIBIDO FUMAR	금연	geu-myeon
NO TOCAR	손 대지 마시오!	son dae-ji ma-si-o!

PELIGROSO	위험	wi-heom
PELIGRO	위험	wi-heom
ALTA TENSIÓN	고전압	go-jeon-ap
PROHIBIDO BAÑARSE	수영 금지	su-yeong geum-ji
NO FUNCIONA	수리중	su-ri-jung

INFLAMABLE	가연성 물자	ga-yeon-seong mul-ja
PROHIBIDO	금지	geum-ji
PROHIBIDO EL PASO	출입 금지	chu-rip geum-ji
RECIÉN PINTADO	칠 주의	chil ju-ui

31. Las compras

comprar (vt)	사다	sa-da
compra (f)	구매	gu-mae
hacer compras	쇼핑하다	syo-ping-ha-da
compras (f pl)	쇼핑	syo-ping

| estar abierto (tienda) | 열리다 | yeol-li-da |
| estar cerrado | 닫다 | dat-da |

calzado (m)	신발	sin-bal
ropa (f)	옷	ot
cosméticos (m pl)	화장품	hwa-jang-pum
productos alimenticios	식품	sik-pum
regalo (m)	선물	seon-mul

| vendedor (m) | 판매원 | pan-mae-won |
| vendedora (f) | 여판매원 | yeo-pan-mae-won |

caja (f)	계산대	gye-san-dae
espejo (m)	거울	geo-ul
mostrador (m)	계산대	gye-san-dae
probador (m)	탈의실	ta-rui-sil

probar (un vestido)	입어보다	i-beo-bo-da
quedar (una ropa, etc.)	어울리다	eo-ul-li-da
gustar (vi)	좋아하다	jo-a-ha-da
precio (m)	가격	ga-gyeok
etiqueta (f) de precio	가격표	ga-gyeok-pyo
costar (vt)	값이 … 이다	gap-si … i-da
¿Cuánto?	얼마?	eol-ma?
descuento (m)	할인	ha-rin
no costoso (adj)	비싸지 않은	bi-ssa-ji a-neun
barato (adj)	싼	ssan
caro (adj)	비싼	bi-ssan
Es caro	비쌉니다	bi-ssam-ni-da
alquiler (m)	임대	im-dae
alquilar (vt)	빌리다	bil-li-da
crédito (m)	신용	si-nyong
a crédito (adv)	신용으로	si-nyong-eu-ro

LA ROPA Y LOS ACCESORIOS

32. La ropa exterior. Los abrigos

ropa (f)	옷	ot
ropa (f) de calle	겉옷	geo-tot
ropa (f) de invierno	겨울옷	gyeo-u-rot
abrigo (m)	코트	ko-teu
abrigo (m) de piel	모피 외투	mo-pi oe-tu
abrigo (m) corto de piel	짧은 모피 외투	jjal-beun mo-pi oe-tu
chaqueta (f) plumón	패딩점퍼	pae-ding-jeom-peo
cazadora (f)	재킷	jae-kit
impermeable (m)	트렌치코트	teu-ren-chi-ko-teu
impermeable (adj)	방수의	bang-su-ui

33. Ropa de hombre y mujer

camisa (f)	셔츠	syeo-cheu
pantalones (m pl)	바지	ba-ji
jeans, vaqueros (m pl)	청바지	cheong-ba-ji
chaqueta (f), saco (m)	재킷	jae-kit
traje (m)	양복	yang-bok
vestido (m)	드레스	deu-re-seu
falda (f)	치마	chi-ma
blusa (f)	블라우스	beul-la-u-seu
rebeca (f), chaqueta (f) de punto	니트 재킷	ni-teu jae-kit
chaqueta (f)	재킷	jae-kit
camiseta (f) (T-shirt)	티셔츠	ti-syeo-cheu
pantalones (m pl) cortos	반바지	ban-ba-ji
traje (m) deportivo	운동복	un-dong-bok
bata (f) de baño	목욕가운	mo-gyok-ga-un
pijama (m)	파자마	pa-ja-ma
suéter (m)	스웨터	seu-we-teo
pulóver (m)	풀오버	pu-ro-beo
chaleco (m)	조끼	jo-kki
frac (m)	연미복	yeon-mi-bok
esmoquin (m)	턱시도	teok-si-do
uniforme (m)	제복	je-bok
ropa (f) de trabajo	작업복	ja-geop-bok
mono (m)	작업바지	ja-geop-ba-ji
bata (f) (p. ej. ~ blanca)	가운	ga-un

34. La ropa. La ropa interior

ropa (f) interior	속옷	so-got
camiseta (f) interior	러닝 셔츠	reo-ning syeo-cheu
calcetines (m pl)	양말	yang-mal
camisón (m)	잠옷	jam-ot
sostén (m)	브라	beu-ra
calcetines (m pl) altos	무릎길이 스타킹	mu-reup-gi-ri seu-ta-king
pantimedias (f pl)	팬티 스타킹	paen-ti seu-ta-king
medias (f pl)	밴드 스타킹	baen-deu seu-ta-king
traje (m) de baño	수영복	su-yeong-bok

35. Gorras

gorro (m)	모자	mo-ja
sombrero (m) de fieltro	중절모	jung-jeol-mo
gorra (f) de béisbol	야구 모자	ya-gu mo-ja
gorra (f) plana	플랫캡	peul-laet-kaep
boina (f)	베레모	be-re-mo
capuchón (m)	후드	hu-deu
panamá (m)	파나마 모자	pa-na-ma mo-ja
gorro (m) de punto	니트 모자	ni-teu mo-ja
pañuelo (m)	스카프	seu-ka-peu
sombrero (m) de mujer	여성용 모자	yeo-seong-yong mo-ja
casco (m) (~ protector)	안전모	an-jeon-mo
gorro (m) de campaña	개리슨 캡	gae-ri-seun kaep
casco (m) (~ de moto)	헬멧	hel-met

36. El calzado

calzado (m)	신발	sin-bal
botas (f pl)	구두	gu-du
zapatos (m pl) (~ de tacón bajo)	구두	gu-du
botas (f pl) altas	부츠	bu-cheu
zapatillas (f pl)	슬리퍼	seul-li-peo
tenis (m pl)	운동화	un-dong-hwa
zapatillas (f pl) de lona	스니커즈	seu-ni-keo-jeu
sandalias (f pl)	샌들	saen-deul
zapatero (m)	구둣방	gu-dut-bang
tacón (m)	굽	gup
par (m)	켤레	kyeol-le
cordón (m)	끈	kkeun
encordonar (vt)	끈을 매다	kkeu-neul mae-da

| calzador (m) | 구둣주걱 | gu-dut-ju-geok |
| betún (m) | 구두약 | gu-du-yak |

37. Accesorios personales

guantes (m pl)	장갑	jang-gap
manoplas (f pl)	벙어리장갑	beong-eo-ri-jang-gap
bufanda (f)	목도리	mok-do-ri

gafas (f pl)	안경	an-gyeong
montura (f)	안경테	an-gyeong-te
paraguas (m)	우산	u-san
bastón (m)	지팡이	ji-pang-i
cepillo (m) de pelo	빗, 솔빗	bit, sol-bit
abanico (m)	부채	bu-chae

corbata (f)	넥타이	nek-ta-i
pajarita (f)	나비넥타이	na-bi-nek-ta-i
tirantes (m pl)	멜빵	mel-ppang
moquero (m)	손수건	son-su-geon

peine (m)	빗	bit
pasador (m) de pelo	머리핀	meo-ri-pin
horquilla (f)	머리핀	meo-ri-pin
hebilla (f)	버클	beo-keul

| cinturón (m) | 벨트 | bel-teu |
| correa (f) (de bolso) | 어깨끈 | eo-kkae-kkeun |

bolsa (f)	가방	ga-bang
bolso (m)	핸드백	haen-deu-baek
mochila (f)	배낭	bae-nang

38. La ropa. Miscelánea

moda (f)	패션	pae-syeon
de moda (adj)	유행하는	yu-haeng-ha-neun
diseñador (m) de moda	패션 디자이너	pae-syeon di-ja-i-neo

cuello (m)	옷깃	ot-git
bolsillo (m)	주머니, 포켓	ju-meo-ni, po-ket
de bolsillo (adj)	주머니의	ju-meo-ni-ui
manga (f)	소매	so-mae
presilla (f)	거는 끈	geo-neun kkeun
bragueta (f)	바지 지퍼	ba-ji ji-peo

cremallera (f)	지퍼	ji-peo
cierre (m)	조임쇠	jo-im-soe
botón (m)	단추	dan-chu
ojal (m)	단춧 구멍	dan-chut gu-meong
saltar (un botón)	떨어지다	tteo-reo-ji-da
coser (vi, vt)	바느질하다	ba-neu-jil-ha-da

bordar (vt)	수놓다	su-no-ta
bordado (m)	자수	ja-su
aguja (f)	바늘	ba-neul
hilo (m)	실	sil
costura (f)	솔기	sol-gi
ensuciarse (vr)	더러워지다	deo-reo-wo-ji-da
mancha (f)	얼룩	eol-luk
arrugarse (vr)	구겨지다	gu-gyeo-ji-da
rasgar (vt)	찢다	jjit-da
polilla (f)	좀	jom

39. Productos personales. Cosméticos

pasta (f) de dientes	치약	chi-yak
cepillo (m) de dientes	칫솔	chit-sol
limpiarse los dientes	이를 닦다	i-reul dak-da
maquinilla (f) de afeitar	면도기	myeon-do-gi
crema (f) de afeitar	면도용 크림	myeon-do-yong keu-rim
afeitarse (vr)	깎다	kkak-da
jabón (m)	비누	bi-nu
champú (m)	샴푸	syam-pu
tijeras (f pl)	가위	ga-wi
lima (f) de uñas	손톱줄	son-top-jul
cortaúñas (m pl)	손톱깎이	son-top-kka-kki
pinzas (f pl)	족집게	jok-jip-ge
cosméticos (m pl)	화장품	hwa-jang-pum
mascarilla (f)	얼굴 마스크	eol-gul ma-seu-keu
manicura (f)	매니큐어	mae-ni-kyu-eo
hacer la manicura	매니큐어를 칠하다	mae-ni-kyu-eo-reul chil-ha-da
pedicura (f)	페디큐어	pe-di-kyu-eo
bolsa (f) de maquillaje	화장품 가방	hwa-jang-pum ga-bang
polvos (m pl)	분	bun
polvera (f)	콤팩트	kom-paek-teu
colorete (m), rubor (m)	블러셔	beul-leo-syeo
perfume (m)	향수	hyang-su
agua (f) de tocador	화장수	hwa-jang-su
loción (f)	로션	ro-syeon
agua (f) de Colonia	오드콜로뉴	o-deu-kol-lo-nyu
sombra (f) de ojos	아이섀도	a-i-syae-do
lápiz (m) de ojos	아이라이너	a-i-ra-i-neo
rímel (m)	마스카라	ma-seu-ka-ra
pintalabios (m)	립스틱	rip-seu-tik
esmalte (m) de uñas	매니큐어	mae-ni-kyu-eo
fijador (m) para el pelo	헤어 스프레이	he-eo seu-peu-re-i
desodorante (m)	데오도란트	de-o-do-ran-teu

crema (f)	크림	keu-rim
crema (f) de belleza	얼굴 크림	eol-gul keu-rim
crema (f) de manos	핸드 크림	haen-deu keu-rim
crema (f) antiarrugas	주름제거 크림	ju-reum-je-geo keu-rim
de día (adj)	낮의	na-jui
de noche (adj)	밤의	ba-mui
tampón (m)	탐폰	tam-pon
papel (m) higiénico	화장지	hwa-jang-ji
secador (m) de pelo	헤어 드라이어	he-eo deu-ra-i-eo

40. Los relojes

reloj (m)	손목 시계	son-mok si-gye
esfera (f)	문자반	mun-ja-ban
aguja (f)	바늘	ba-neul
pulsera (f)	금속제 시계줄	geum-sok-je si-gye-jul
correa (f) (del reloj)	시계줄	si-gye-jul
pila (f)	건전지	geon-jeon-ji
descargarse (vr)	나가다	na-ga-da
cambiar la pila	배터리를 갈다	bae-teo-ri-reul gal-da
adelantarse (vr)	빨리 가다	ppal-li ga-da
retrasarse (vr)	늦게 가다	neut-ge ga-da
reloj (m) de pared	벽시계	byeok-si-gye
reloj (m) de arena	모래시계	mo-rae-si-gye
reloj (m) de sol	해시계	hae-si-gye
despertador (m)	알람 시계	al-lam si-gye
relojero (m)	시계 기술자	si-gye gi-sul-ja
reparar (vt)	수리하다	su-ri-ha-da

LA EXPERIENCIA DIARIA

41. El dinero

dinero (m)	돈	don
cambio (m)	환전	hwan-jeon
curso (m)	환율	hwa-nyul
cajero (m) automático	현금 자동 지급기	hyeon-geum ja-dong ji-geup-gi
moneda (f)	동전	dong-jeon
dólar (m)	달러	dal-leo
euro (m)	유로	yu-ro
lira (f)	리라	ri-ra
marco (m) alemán	마르크	ma-reu-keu
franco (m)	프랑	peu-rang
libra esterlina (f)	파운드	pa-un-deu
yen (m)	엔	en
deuda (f)	빚	bit
deudor (m)	채무자	chae-mu-ja
prestar (vt)	빌려주다	bil-lyeo-ju-da
tomar prestado	빌리다	bil-li-da
banco (m)	은행	eun-haeng
cuenta (f)	계좌	gye-jwa
ingresar en la cuenta	계좌에 입금하다	ip-geum-ha-da
sacar de la cuenta	출금하다	chul-geum-ha-da
tarjeta (f) de crédito	신용 카드	si-nyong ka-deu
dinero (m) en efectivo	현금	hyeon-geum
cheque (m)	수표	su-pyo
sacar un cheque	수표를 끊다	su-pyo-reul kkeun-ta
talonario (m)	수표책	su-pyo-chaek
cartera (f)	지갑	ji-gap
monedero (m)	동전지갑	dong-jeon-ji-gap
caja (f) fuerte	금고	geum-go
heredero (m)	상속인	sang-so-gin
herencia (f)	유산	yu-san
fortuna (f)	재산, 큰돈	jae-san, keun-don
arriendo (m)	임대	im-dae
alquiler (m) (dinero)	집세	jip-se
alquilar (~ una casa)	임대하다	im-dae-ha-da
precio (m)	가격	ga-gyeok
coste (m)	비용	bi-yong

suma (f)	액수	aek-su
gastar (vt)	쓰다	sseu-da
gastos (m pl)	출비를	chul-bi-reul
economizar (vi, vt)	절약하다	jeo-ryak-a-da
económico (adj)	경제적인	gyeong-je-jeo-gin
pagar (vi, vt)	지불하다	ji-bul-ha-da
pago (m)	지불	ji-bul
cambio (m) (devolver el ~)	거스름돈	geo-seu-reum-don
impuesto (m)	세금	se-geum
multa (f)	벌금	beol-geum
multar (vt)	벌금을 부과하다	beol-geu-meul bu-gwa-ha-da

42. La oficina de correos

oficina (f) de correos	우체국	u-che-guk
correo (m) (cartas, etc.)	우편물	u-pyeon-mul
cartero (m)	우체부	u-che-bu
horario (m) de apertura	영업 시간	yeong-eop si-gan
carta (f)	편지	pyeon-ji
carta (f) certificada	등기 우편	deung-gi u-pyeon
tarjeta (f) postal	엽서	yeop-seo
telegrama (m)	전보	jeon-bo
paquete (m) postal	소포	so-po
giro (m) postal	송금	song-geum
recibir (vt)	받다	bat-da
enviar (vt)	보내다	bo-nae-da
envío (m)	발송	bal-song
dirección (f)	주소	ju-so
código (m) postal	우편 번호	u-pyeon beon-ho
expedidor (m)	발송인	bal-song-in
destinatario (m)	수신인	su-sin-in
nombre (m)	이름	i-reum
apellido (m)	성	seong
tarifa (f)	요금	yo-geum
ordinario (adj)	일반의	il-ba-nui
económico (adj)	경제적인	gyeong-je-jeo-gin
peso (m)	무게	mu-ge
pesar (~ una carta)	무게를 달다	mu-ge-reul dal-da
sobre (m)	봉투	bong-tu
sello (m)	우표	u-pyo

43. La banca

| banco (m) | 은행 | eun-haeng |
| sucursal (f) | 지점 | ji-jeom |

consultor (m)	행원	haeng-won
gerente (m)	지배인	ji-bae-in
cuenta (f)	은행계좌	eun-haeng-gye-jwa
numero (m) de la cuenta	계좌 번호	gye-jwa beon-ho
cuenta (f) corriente	당좌	dang-jwa
cuenta (f) de ahorros	보통 예금	bo-tong ye-geum
abrir una cuenta	계좌를 열다	gye-jwa-reul ryeol-da
cerrar la cuenta	계좌를 해지하다	gye-jwa-reul hae-ji-ha-da
ingresar en la cuenta	계좌에 입금하다	ip-geum-ha-da
sacar de la cuenta	출금하다	chul-geum-ha-da
depósito (m)	저금	jeo-geum
hacer un depósito	입금하다	ip-geum-ha-da
giro (m) bancario	송금	song-geum
hacer un giro	송금하다	song-geum-ha-da
suma (f)	액수	aek-su
¿Cuánto?	얼마?	eol-ma?
firma (f) (nombre)	서명	seo-myeong
firmar (vt)	서명하다	seo-myeong-ha-da
tarjeta (f) de crédito	신용 카드	si-nyong ka-deu
código (m)	비밀번호	bi-mil-beon-ho
número (m) de tarjeta de crédito	신용 카드 번호	si-nyong ka-deu beon-ho
cajero (m) automático	현금 자동 지급기	hyeon-geum ja-dong ji-geup-gi
cheque (m)	수표	su-pyo
sacar un cheque	수표를 끊다	su-pyo-reul kkeun-ta
talonario (m)	수표책	su-pyo-chaek
crédito (m)	대출	dae-chul
pedir el crédito	대출 신청하다	dae-chul sin-cheong-ha-da
obtener un crédito	대출을 받다	dae-chu-reul bat-da
conceder un crédito	대출하다	dae-chul-ha-da
garantía (f)	담보	dam-bo

44. El teléfono. Las conversaciones telefónicas

teléfono (m)	전화	jeon-hwa
teléfono (m) móvil	휴대폰	hyu-dae-pon
contestador (m)	자동 응답기	ja-dong eung-dap-gi
llamar, telefonear	전화하다	jeon-hwa-ha-da
llamada (f)	통화	tong-hwa
marcar un número	번호로 걸다	beon-ho-ro geol-da
¿Sí?, ¿Dígame?	여보세요!	yeo-bo-se-yo!
preguntar (vt)	묻다	mut-da
responder (vi, vt)	전화를 받다	jeon-hwa-reul bat-da

oír (vt)	듣다	deut-da
bien (adv)	잘	jal
mal (adv)	좋지 않은	jo-chi a-neun
ruidos (m pl)	잡음	ja-beum
auricular (m)	수화기	su-hwa-gi
descolgar (el teléfono)	전화를 받다	jeon-hwa-reul bat-da
colgar el auricular	전화를 끊다	jeon-hwa-reul kkeun-ta
ocupado (adj)	통화 중인	tong-hwa jung-in
sonar (teléfono)	울리다	ul-li-da
guía (f) de teléfonos	전화 번호부	jeon-hwa beon-ho-bu
local (adj)	시내의	si-nae-ui
de larga distancia	장거리의	jang-geo-ri-ui
internacional (adj)	국제적인	guk-je-jeo-gin

45. El teléfono celular

teléfono (m) móvil	휴대폰	hyu-dae-pon
pantalla (f)	화면	hwa-myeon
botón (m)	버튼	beo-teun
tarjeta SIM (f)	SIM 카드	SIM ka-deu
pila (f)	건전지	geon-jeon-ji
descargarse (vr)	나가다	na-ga-da
cargador (m)	충전기	chung-jeon-gi
menú (m)	메뉴	me-nyu
preferencias (f pl)	설정	seol-jeong
melodía (f)	벨소리	bel-so-ri
seleccionar (vt)	선택하다	seon-taek-a-da
calculadora (f)	계산기	gye-san-gi
contestador (m)	자동 응답기	ja-dong eung-dap-gi
despertador (m)	알람 시계	al-lam si-gye
contactos (m pl)	연락처	yeol-lak-cheo
mensaje (m) de texto	문자 메시지	mun-ja me-si-ji
abonado (m)	가입자	ga-ip-ja

46. Los artículos de escritorio. La papelería

bolígrafo (m)	볼펜	bol-pen
pluma (f) estilográfica	만년필	man-nyeon-pil
lápiz (m)	연필	yeon-pil
marcador (m)	형광펜	hyeong-gwang-pen
rotulador (m)	사인펜	sa-in-pen
bloc (m) de notas	공책	gong-chaek
agenda (f)	수첩	su-cheop

regla (f)	자	ja
calculadora (f)	계산기	gye-san-gi
goma (f) de borrar	지우개	ji-u-gae
chincheta (f)	압정	ap-jeong
clip (m)	클립	keul-lip

cola (f), pegamento (m)	접착제	jeop-chak-je
grapadora (f)	호치키스	ho-chi-ki-seu
perforador (m)	펀치	peon-chi
sacapuntas (m)	연필깎이	yeon-pil-kka-kki

47. Los idiomas extranjeros

lengua (f)	언어	eon-eo
lengua (f) extranjera	외국어	oe-gu-geo
estudiar (vt)	공부하다	gong-bu-ha-da
aprender (ingles, etc.)	배우다	bae-u-da

leer (vi, vt)	읽다	ik-da
hablar (vi, vt)	말하다	mal-ha-da
comprender (vt)	이해하다	i-hae-ha-da
escribir (vt)	쓰다	sseu-da

rápidamente (adv)	빨리	ppal-li
lentamente (adv)	천천히	cheon-cheon-hi
con fluidez (adv)	유창하게	yu-chang-ha-ge

reglas (f pl)	규칙	gyu-chik
gramática (f)	문법	mun-beop
vocabulario (m)	어휘	eo-hwi
fonética (f)	음성학	eum-seong-hak

manual (m)	교과서	gyo-gwa-seo
diccionario (m)	사전	sa-jeon
manual (m) autodidáctico	자습서	ja-seup-seo
guía (f) de conversación	회화집	hoe-hwa-jip

casete (m)	테이프	te-i-peu
videocasete (f)	비디오테이프	bi-di-o-te-i-peu
disco compacto, CD (m)	씨디	ssi-di
DVD (m)	디비디	di-bi-di

alfabeto (m)	알파벳	al-pa-bet
deletrear (vt)	… 의 철자이다	… ui cheol-ja-i-da
pronunciación (f)	발음	ba-reum

acento (m)	악센트	ak-sen-teu
con acento	사투리로	sa-tu-ri-ro
sin acento	억양 없이	eo-gyang eop-si

palabra (f)	단어	dan-eo
significado (m)	의미	ui-mi
cursos (m pl)	강좌	gang-jwa
inscribirse (vr)	등록하다	deung-nok-a-da

profesor (m) (~ de inglés)	강사	gang-sa
traducción (f) (proceso)	번역	beo-nyeok
traducción (f) (texto)	번역	beo-nyeok
traductor (m)	번역가	beo-nyeok-ga
intérprete (m)	통역가	tong-yeok-ga
políglota (m)	수개 국어를 말하는 사람	su-gae gu-geo-reul mal-ha-neun sa-ram
memoria (f)	기억력	gi-eong-nyeok

LAS COMIDAS. EL RESTAURANTE

48. Los cubiertos

cuchara (f)	숟가락	sut-ga-rak
cuchillo (m)	나이프	na-i-peu
tenedor (m)	포크	po-keu
taza (f)	컵	keop
plato (m)	접시	jeop-si
platillo (m)	받침 접시	bat-chim jeop-si
servilleta (f)	냅킨	naep-kin
mondadientes (m)	이쑤시개	i-ssu-si-gae

49. El restaurante

restaurante (m)	레스토랑	re-seu-to-rang
cafetería (f)	커피숍	keo-pi-syop
bar (m)	바	ba
salón (m) de té	카페, 티룸	ka-pe, ti-rum
camarero (m)	웨이터	we-i-teo
camarera (f)	웨이트리스	we-i-teu-ri-seu
barman (m)	바텐더	ba-ten-deo
carta (f), menú (m)	메뉴판	me-nyu-pan
carta (f) de vinos	와인 메뉴	wa-in me-nyu
reservar una mesa	테이블 예약을 하다	te-i-beul rye-ya-geul ha-da
plato (m)	요리, 코스	yo-ri, ko-seu
pedir (vt)	주문하다	ju-mun-ha-da
hacer un pedido	주문을 하다	ju-mu-neul ha-da
aperitivo (m)	아페리티프	a-pe-ri-ti-peu
entremés (m)	애피타이저	ae-pi-ta-i-jeo
postre (m)	디저트	di-jeo-teu
cuenta (f)	계산서	gye-san-seo
pagar la cuenta	계산하다	gye-san-ha-da
dar la vuelta	거스름돈을 주다	geo-seu-reum-do-neul ju-da
propina (f)	팁	tip

50. Las comidas

comida (f)	음식	eum-sik
comer (vi, vt)	먹다	meok-da

desayuno (m)	아침식사	a-chim-sik-sa
desayunar (vi)	아침을 먹다	a-chi-meul meok-da
almuerzo (m)	점심식사	jeom-sim-sik-sa
almorzar (vi)	점심을 먹다	jeom-si-meul meok-da
cena (f)	저녁식사	jeo-nyeok-sik-sa
cenar (vi)	저녁을 먹다	jeo-nyeo-geul meok-da

apetito (m)	식욕	si-gyok
¡Que aproveche!	맛있게 드십시오!	man-nit-ge deu-sip-si-o!

abrir (vt)	열다	yeol-da
derramar (líquido)	엎지르다	eop-ji-reu-da
derramarse (líquido)	쏟아지다	sso-da-ji-da

hervir (vi)	끓다	kkeul-ta
hervir (vt)	끓이다	kkeu-ri-da
hervido (agua ~a)	끓인	kkeu-rin
enfriar (vt)	식히다	sik-i-da
enfriarse (vr)	식다	sik-da

sabor (m)	맛	mat
regusto (m)	뒷 맛	dwit mat

adelgazar (vi)	살을 빼다	sa-reul ppae-da
dieta (f)	다이어트	da-i-eo-teu
vitamina (f)	비타민	bi-ta-min
caloría (f)	칼로리	kal-lo-ri
vegetariano (m)	채식주의자	chae-sik-ju-ui-ja
vegetariano (adj)	채식주의의	chae-sik-ju-ui-ui

grasas (f pl)	지방	ji-bang
proteínas (f pl)	단백질	dan-baek-jil
carbohidratos (m pl)	탄수화물	tan-su-hwa-mul

loncha (f)	조각	jo-gak
pedazo (m)	조각	jo-gak
miga (f)	부스러기	bu-seu-reo-gi

51. Los platos

plato (m)	요리, 코스	yo-ri, ko-seu
cocina (f)	요리	yo-ri
receta (f)	요리법	yo-ri-beop
porción (f)	분량	bul-lyang

ensalada (f)	샐러드	sael-leo-deu
sopa (f)	수프	su-peu

caldo (m)	육수	yuk-su
bocadillo (m)	샌드위치	saen-deu-wi-chi
huevos (m pl) fritos	계란후라이	gye-ran-hu-ra-i

hamburguesa (f)	햄버거	haem-beo-geo
bistec (m)	비프스테이크	bi-peu-seu-te-i-keu

guarnición (f)	사이드 메뉴	sa-i-deu me-nyu
espagueti (m)	스파게티	seu-pa-ge-ti
puré (m) de patatas	으깬 감자	eu-kkaen gam-ja
pizza (f)	피자	pi-ja
gachas (f pl)	죽	juk
tortilla (f) francesa	오믈렛	o-meul-let

cocido en agua (adj)	삶은	sal-meun
ahumado (adj)	훈제된	hun-je-doen
frito (adj)	튀긴	twi-gin
seco (adj)	말린	mal-lin
congelado (adj)	얼린	eol-lin
marinado (adj)	초절인	cho-jeo-rin

azucarado, dulce (adj)	단	dan
salado (adj)	짠	jjan
frío (adj)	차가운	cha-ga-un
caliente (adj)	뜨거운	tteu-geo-un
amargo (adj)	쓴	sseun
sabroso (adj)	맛있는	man-nin-neun

cocer en agua	삶다	sam-da
preparar (la cena)	요리하다	yo-ri-ha-da
freír (vt)	부치다	bu-chi-da
calentar (vt)	데우다	de-u-da

salar (vt)	소금을 넣다	so-geu-meul leo-ta
poner pimienta	후추를 넣다	hu-chu-reul leo-ta
rallar (vt)	강판에 갈다	gang-pa-ne gal-da
piel (f)	껍질	kkeop-jil
pelar (vt)	껍질 벗기다	kkeop-jil beot-gi-da

52. La comida

carne (f)	고기	go-gi
gallina (f)	닭고기	dak-go-gi
pollo (m)	영계	yeong-gye
pato (m)	오리고기	o-ri-go-gi
ganso (m)	거위고기	geo-wi-go-gi
caza (f) menor	사냥감	sa-nyang-gam
pava (f)	칠면조고기	chil-myeon-jo-go-gi

carne (f) de cerdo	돼지고기	dwae-ji-go-gi
carne (f) de ternera	송아지 고기	song-a-ji go-gi
carne (f) de carnero	양고기	yang-go-gi
carne (f) de vaca	소고기	so-go-gi
conejo (m)	토끼고기	to-kki-go-gi

salchichón (m)	소시지	so-si-ji
salchicha (f)	비엔나 소시지	bi-en-na so-si-ji
beicon (m)	베이컨	be-i-keon
jamón (m)	햄	haem
jamón (m) fresco	개먼	gae-meon
paté (m)	파테	pa-te

hígado (m)	간	gan
carne (f) picada	다진 고기	da-jin go-gi
lengua (f)	혀	hyeo
huevo (m)	계란	gye-ran
huevos (m pl)	계란	gye-ran
clara (f)	흰자	huin-ja
yema (f)	노른자	no-reun-ja
pescado (m)	생선	saeng-seon
mariscos (m pl)	해물	hae-mul
caviar (m)	캐비어	kae-bi-eo
cangrejo (m) de mar	게	ge
camarón (m)	새우	sae-u
ostra (f)	굴	gul
langosta (f)	대하	dae-ha
pulpo (m)	문어	mun-eo
calamar (m)	오징어	o-jing-eo
esturión (m)	철갑상어	cheol-gap-sang-eo
salmón (m)	연어	yeon-eo
fletán (m)	넙치	neop-chi
bacalao (m)	대구	dae-gu
caballa (f)	고등어	go-deung-eo
atún (m)	참치	cham-chi
anguila (f)	뱀장어	baem-jang-eo
trucha (f)	송어	song-eo
sardina (f)	정어리	jeong-eo-ri
lucio (m)	강꼬치고기	gang-kko-chi-go-gi
arenque (m)	청어	cheong-eo
pan (m)	빵	ppang
queso (m)	치즈	chi-jeu
azúcar (m)	설탕	seol-tang
sal (f)	소금	so-geum
arroz (m)	쌀	ssal
macarrones (m pl)	파스타	pa-seu-ta
tallarines (m pl)	면	myeon
mantequilla (f)	버터	beo-teo
aceite (m) vegetal	식물유	sing-mu-ryu
aceite (m) de girasol	해바라기유	hae-ba-ra-gi-yu
margarina (f)	마가린	ma-ga-rin
olivas, aceitunas (f pl)	올리브	ol-li-beu
aceite (m) de oliva	올리브유	ol-li-beu-yu
leche (f)	우유	u-yu
leche (f) condensada	연유	yeo-nyu
yogur (m)	요구르트	yo-gu-reu-teu
nata (f) agria	사워크림	sa-wo-keu-rim
nata (f) líquida	크림	keu-rim

mayonesa (f)	마요네즈	ma-yo-ne-jeu
crema (f) de mantequilla	버터크림	beo-teo-keu-rim
cereales (m pl) integrales	곡물	gong-mul
harina (f)	밀가루	mil-ga-ru
conservas (f pl)	통조림	tong-jo-rim
copos (m pl) de maíz	콘플레이크	kon-peul-le-i-keu
miel (f)	꿀	kkul
confitura (f)	잼	jaem
chicle (m)	껌	kkeom

53. Las bebidas

agua (f)	물	mul
agua (f) potable	음료수	eum-nyo-su
agua (f) mineral	미네랄 워터	mi-ne-ral rwo-teo
sin gas	탄산 없는	tan-san neom-neun
gaseoso (adj)	탄산의	tan-sa-nui
con gas	탄산이 든	tan-san-i deun
hielo (m)	얼음	eo-reum
con hielo	얼음을 넣은	eo-reu-meul leo-eun
sin alcohol	무알코올의	mu-al-ko-o-rui
bebida (f) sin alcohol	청량음료	cheong-nyang-eum-nyo
refresco (m)	청량 음료	cheong-nyang eum-nyo
limonada (f)	레모네이드	re-mo-ne-i-deu
bebidas (f pl) alcohólicas	술	sul
vino (m)	와인	wa-in
vino (m) blanco	백 포도주	baek po-do-ju
vino (m) tinto	레드 와인	re-deu wa-in
licor (m)	리큐르	ri-kyu-reu
champaña (f)	샴페인	syam-pe-in
vermú (m)	베르무트	be-reu-mu-teu
whisky (m)	위스키	wi-seu-ki
vodka (m)	보드카	bo-deu-ka
ginebra (f)	진	jin
coñac (m)	코냑	ko-nyak
ron (m)	럼	reom
café (m)	커피	keo-pi
café (m) solo	블랙 커피	beul-laek keo-pi
café (m) con leche	밀크 커피	mil-keu keo-pi
capuchino (m)	카푸치노	ka-pu-chi-no
café (m) soluble	인스턴트 커피	in-seu-teon-teu keo-pi
leche (f)	우유	u-yu
cóctel (m)	칵테일	kak-te-il
batido (m)	밀크 셰이크	mil-keu sye-i-keu
zumo (m), jugo (m)	주스	ju-seu

jugo (m) de tomate	토마토 주스	to-ma-to ju-seu
zumo (m) de naranja	오렌지 주스	o-ren-ji ju-seu
zumo (m) fresco	생파일주스	saeng-gwa-il-ju-seu

cerveza (f)	맥주	maek-ju
cerveza (f) rubia	라거	ra-geo
cerveza (f) negra	흑맥주	heung-maek-ju

té (m)	차	cha
té (m) negro	홍차	hong-cha
té (m) verde	녹차	nok-cha

54. Las verduras

legumbres (f pl)	채소	chae-so
verduras (f pl)	녹황색 채소	nok-wang-saek chae-so

tomate (m)	토마토	to-ma-to
pepino (m)	오이	o-i
zanahoria (f)	당근	dang-geun
patata (f)	감자	gam-ja
cebolla (f)	양파	yang-pa
ajo (m)	마늘	ma-neul

col (f)	양배추	yang-bae-chu
coliflor (f)	컬리플라워	keol-li-peul-la-wo
col (f) de Bruselas	방울다다기 양배추	bang-ul-da-da-gi yang-bae-chu
brócoli (m)	브로콜리	beu-ro-kol-li

remolacha (f)	비트	bi-teu
berenjena (f)	가지	ga-ji
calabacín (m)	애호박	ae-ho-bak

calabaza (f)	호박	ho-bak
nabo (m)	순무	sun-mu

perejil (m)	파슬리	pa-seul-li
eneldo (m)	딜	dil
lechuga (f)	양상추	yang-sang-chu
apio (m)	셀러리	sel-leo-ri

espárrago (m)	아스파라거스	a-seu-pa-ra-geo-seu
espinaca (f)	시금치	si-geum-chi

guisante (m)	완두	wan-du
habas (f pl)	콩	kong

maíz (m)	옥수수	ok-su-su
fréjol (m)	강낭콩	gang-nang-kong

pimiento (m) dulce	피망	pi-mang
rábano (m)	무	mu
alcachofa (f)	아티초크	a-ti-cho-keu

55. Las frutas. Las nueces

fruto (m)	과일	gwa-il
manzana (f)	사과	sa-gwa
pera (f)	배	bae
limón (m)	레몬	re-mon
naranja (f)	오렌지	o-ren-ji
fresa (f)	딸기	ttal-gi
mandarina (f)	귤	gyul
ciruela (f)	자두	ja-du
melocotón (m)	복숭아	bok-sung-a
albaricoque (m)	살구	sal-gu
frambuesa (f)	라즈베리	ra-jeu-be-ri
piña (f)	파인애플	pa-in-ae-peul
banana (f)	바나나	ba-na-na
sandía (f)	수박	su-bak
uva (f)	포도	po-do
guinda (f)	신양	si-nyang
cereza (f)	양벚나무	yang-beon-na-mu
melón (m)	멜론	mel-lon
pomelo (m)	자몽	ja-mong
aguacate (m)	아보카도	a-bo-ka-do
papaya (f)	파파야	pa-pa-ya
mango (m)	망고	mang-go
granada (f)	석류	seong-nyu
grosella (f) roja	레드커렌트	re-deu-keo-ren-teu
grosella (f) negra	블랙커렌트	beul-laek-keo-ren-teu
grosella (f) espinosa	구스베리	gu-seu-be-ri
arándano (m)	빌베리	bil-be-ri
zarzamoras (f pl)	블랙베리	beul-laek-be-ri
pasas (f pl)	건포도	geon-po-do
higo (m)	무화과	mu-hwa-gwa
dátil (m)	대추야자	dae-chu-ya-ja
cacahuete (m)	땅콩	ttang-kong
almendra (f)	아몬드	a-mon-deu
nuez (f)	호두	ho-du
avellana (f)	개암	gae-am
nuez (f) de coco	코코넛	ko-ko-neot
pistachos (m pl)	피스타치오	pi-seu-ta-chi-o

56. El pan. Los dulces

pasteles (m pl)	과자류	gwa-ja-ryu
pan (m)	빵	ppang
galletas (f pl)	쿠키	ku-ki
chocolate (m)	초콜릿	cho-kol-lit
de chocolate (adj)	초콜릿의	cho-kol-lis-ui

caramelo (m)	사탕	sa-tang
tarta (f) (pequeña)	케이크	ke-i-keu
tarta (f) (~ de cumpleaños)	케이크	ke-i-keu

| tarta (f) (~ de manzana) | 파이 | pa-i |
| relleno (m) | 속 | sok |

confitura (f)	잼	jaem
mermelada (f)	마멀레이드	ma-meol-le-i-deu
gofre (m)	와플	wa-peul
helado (m)	아이스크림	a-i-seu-keu-rim

57. Las especias

sal (f)	소금	so-geum
salado (adj)	짜	jja
salar (vt)	소금을 넣다	so-geu-meul leo-ta

pimienta (f) negra	후추	hu-chu
pimienta (f) roja	고춧가루	go-chut-ga-ru
mostaza (f)	겨자	gyeo-ja
rábano (m) picante	고추냉이	go-chu-naeng-i

condimento (m)	양념	yang-nyeom
especia (f)	향료	hyang-nyo
salsa (f)	소스	so-seu
vinagre (m)	식초	sik-cho

anís (m)	아니스	a-ni-seu
albahaca (f)	바질	ba-jil
clavo (m)	정향	jeong-hyang
jengibre (m)	생강	saeng-gang
cilantro (m)	고수	go-su
canela (f)	계피	gye-pi

sésamo (m)	깨	kkae
hoja (f) de laurel	월계수잎	wol-gye-su-ip
paprika (f)	파프리카	pa-peu-ri-ka
comino (m)	캐러웨이	kae-reo-we-i
azafrán (m)	사프란	sa-peu-ran

LA INFORMACIÓN PERSONAL. LA FAMILIA

58. La información personal. Los formularios

nombre (m)	이름	i-reum
apellido (m)	성	seong
fecha (f) de nacimiento	생년월일	saeng-nyeon-wo-ril
lugar (m) de nacimiento	탄생지	tan-saeng-ji
nacionalidad (f)	국적	guk-jeok
domicilio (m)	거소	geo-so
país (m)	나라	na-ra
profesión (f)	직업	ji-geop
sexo (m)	성별	seong-byeol
estatura (f)	키	ki
peso (m)	몸무게	mom-mu-ge

59. Los familiares. Los parientes

madre (f)	어머니	eo-meo-ni
padre (m)	아버지	a-beo-ji
hijo (m)	아들	a-deul
hija (f)	딸	ttal
hija (f) menor	작은딸	ja-geun-ttal
hijo (m) menor	작은아들	ja-geun-a-deul
hija (f) mayor	맏딸	mat-ttal
hijo (m) mayor	맏아들	ma-da-deul
hermano (m)	형제	hyeong-je
hermana (f)	자매	ja-mae
primo (m)	사촌 형제	sa-chon hyeong-je
prima (f)	사촌 자매	sa-chon ja-mae
mamá (f)	엄마	eom-ma
papá (m)	아빠	a-ppa
padres (pl)	부모	bu-mo
niño -a (m, f)	아이, 아동	a-i, a-dong
niños (pl)	아이들	a-i-deul
abuela (f)	할머니	hal-meo-ni
abuelo (m)	할아버지	ha-ra-beo-ji
nieto (m)	손자	son-ja
nieta (f)	손녀	son-nyeo
nietos (pl)	손자들	son-ja-deul
tío (m)	삼촌	sam-chon

| sobrino (m) | 조카 | jo-ka |
| sobrina (f) | 조카딸 | jo-ka-ttal |

suegra (f)	장모	jang-mo
suegro (m)	시아버지	si-a-beo-ji
yerno (m)	사위	sa-wi
madrastra (f)	계모	gye-mo
padrastro (m)	계부	gye-bu

niño (m) de pecho	영아	yeong-a
bebé (m)	아기	a-gi
chico (m)	꼬마	kko-ma

mujer (f)	아내	a-nae
marido (m)	남편	nam-pyeon
esposo (m)	배우자	bae-u-ja
esposa (f)	배우자	bae-u-ja

casado (adj)	결혼한	gyeol-hon-han
casada (adj)	결혼한	gyeol-hon-han
soltero (adj)	미혼의	mi-hon-ui
soltero (m)	미혼 남자	mi-hon nam-ja
divorciado (adj)	이혼한	i-hon-han
viuda (f)	과부	gwa-bu
viudo (m)	홀아비	ho-ra-bi

pariente (m)	친척	chin-cheok
pariente (m) cercano	가까운 친척	ga-kka-un chin-cheok
pariente (m) lejano	먼 친척	meon chin-cheok
parientes (pl)	친척들	chin-cheok-deul

huérfano (m), huérfana (f)	고아	go-a
tutor (m)	후견인	hu-gyeon-in
adoptar (un niño)	입양하다	i-byang-ha-da
adoptar (una niña)	입양하다	i-byang-ha-da

60. Los amigos. Los compañeros del trabajo

amigo (m)	친구	chin-gu
amiga (f)	친구	chin-gu
amistad (f)	우정	u-jeong
ser amigo	사귀다	sa-gwi-da

amigote (m)	벗	beot
amiguete (f)	벗	beot
compañero (m)	파트너	pa-teu-neo

jefe (m)	상사	sang-sa
superior (m)	윗사람	wit-sa-ram
subordinado (m)	부하	bu-ha
colega (m, f)	동료	dong-nyo

| conocido (m) | 아는 사람 | a-neun sa-ram |
| compañero (m) de viaje | 동행자 | dong-haeng-ja |

condiscípulo (m)	동급생	dong-geup-saeng
vecino (m)	이웃	i-ut
vecina (f)	이웃	i-ut
vecinos (pl)	이웃들	i-ut-deul

EL CUERPO. LA MEDICINA

61. La cabeza

cabeza (f)	머리	meo-ri
cara (f)	얼굴	eol-gul
nariz (f)	코	ko
boca (f)	입	ip
ojo (m)	눈	nun
ojos (m pl)	눈	nun
pupila (f)	눈동자	nun-dong-ja
ceja (f)	눈썹	nun-sseop
pestaña (f)	속눈썹	song-nun-sseop
párpado (m)	눈꺼풀	nun-kkeo-pul
lengua (f)	혀	hyeo
diente (m)	이	i
labios (m pl)	입술	ip-sul
pómulos (m pl)	광대뼈	gwang-dae-ppyeo
encía (f)	잇몸	in-mom
paladar (m)	입천장	ip-cheon-jang
ventanas (f pl)	콧구멍	kot-gu-meong
mentón (m)	턱	teok
mandíbula (f)	턱	teok
mejilla (f)	뺨, 볼	ppyam, bol
frente (f)	이마	i-ma
sien (f)	관자놀이	gwan-ja-no-ri
oreja (f)	귀	gwi
nuca (f)	뒤통수	dwi-tong-su
cuello (m)	목	mok
garganta (f)	목구멍	mok-gu-meong
pelo, cabello (m)	머리털, 헤어	meo-ri-teol, he-eo
peinado (m)	머리 스타일	meo-ri seu-ta-il
corte (m) de pelo	헤어컷	he-eo-keot
peluca (f)	가발	ga-bal
bigote (m)	콧수염	kot-su-yeom
barba (f)	턱수염	teok-su-yeom
tener (~ la barba)	기르다	gi-reu-da
trenza (f)	땋은 머리	tta-eun meo-ri
patillas (f pl)	구레나룻	gu-re-na-rut
pelirrojo (adj)	빨강머리의	ppal-gang-meo-ri-ui
gris, canoso (adj)	흰머리의	huin-meo-ri-ui
calvo (adj)	대머리인	dae-meo-ri-in
calva (f)	땜통	ttaem-tong

cola (f) de caballo	말총머리	mal-chong-meo-ri
flequillo (m)	앞머리	am-meo-ri

62. El cuerpo

mano (f)	손	son
brazo (m)	팔	pal

dedo (m)	손가락	son-ga-rak
dedo (m) pulgar	엄지손가락	eom-ji-son-ga-rak
dedo (m) meñique	새끼손가락	sae-kki-son-ga-rak
uña (f)	손톱	son-top

puño (m)	주먹	ju-meok
palma (f)	손바닥	son-ba-dak
muñeca (f)	손목	son-mok
antebrazo (m)	전박	jeon-bak
codo (m)	팔꿈치	pal-kkum-chi
hombro (m)	어깨	eo-kkae

pierna (f)	다리	da-ri
planta (f)	발	bal
rodilla (f)	무릎	mu-reup
pantorrilla (f)	종아리	jong-a-ri
cadera (f)	엉덩이	eong-deong-i
talón (m)	발뒤꿈치	bal-dwi-kkum-chi

cuerpo (m)	몸	mom
vientre (m)	배	bae
pecho (m)	가슴	ga-seum
seno (m)	가슴	ga-seum
lado (m), costado (m)	옆구리	yeop-gu-ri
espalda (f)	등	deung
zona (f) lumbar	허리	heo-ri
cintura (f), talle (m)	허리	heo-ri

ombligo (m)	배꼽	bae-kkop
nalgas (f pl)	엉덩이	eong-deong-i
trasero (m)	엉덩이	eong-deong-i

lunar (m)	점	jeom
marca (f) de nacimiento	모반	mo-ban
tatuaje (m)	문신	mun-sin
cicatriz (f)	흉터	hyung-teo

63. Las enfermedades

enfermedad (f)	병	byeong
estar enfermo	눕다	nup-da
salud (f)	건강	geon-gang
resfriado (m) (coriza)	비염	bi-yeom
angina (f)	편도염	pyeon-do-yeom

| resfriado (m) | 감기 | gam-gi |
| resfriarse (vr) | 감기에 걸리다 | gam-gi-e geol-li-da |

bronquitis (f)	기관지염	gi-gwan-ji-yeom
pulmonía (f)	폐렴	pye-ryeom
gripe (f)	독감	dok-gam

miope (adj)	근시의	geun-si-ui
présbita (adj)	원시의	won-si-ui
estrabismo (m)	사시	sa-si
estrábico (m) (adj)	사시인	sa-si-in
catarata (f)	백내장	baeng-nae-jang
glaucoma (m)	녹내장	nong-nae-jang

insulto (m)	뇌졸중	noe-jol-jung
ataque (m) cardiaco	심장마비	sim-jang-ma-bi
infarto (m) de miocardio	심근경색증	sim-geun-gyeong-saek-jeung
parálisis (f)	마비	ma-bi
paralizar (vt)	마비되다	ma-bi-doe-da

alergia (f)	알레르기	al-le-reu-gi
asma (f)	천식	cheon-sik
diabetes (f)	당뇨병	dang-nyo-byeong

| dolor (m) de muelas | 치통, 이앓이 | chi-tong, i-a-ri |
| caries (f) | 충치 | chung-chi |

diarrea (f)	설사	seol-sa
estreñimiento (m)	변비증	byeon-bi-jeung
molestia (f) estomacal	배탈	bae-tal
envenenamiento (m)	식중독	sik-jung-dok
envenenarse (vr)	식중독에 걸리다	sik-jung-do-ge geol-li-da

artritis (f)	관절염	gwan-jeo-ryeom
raquitismo (m)	구루병	gu-ru-byeong
reumatismo (m)	류머티즘	ryu-meo-ti-jeum

gastritis (f)	위염	wi-yeom
apendicitis (f)	맹장염	maeng-jang-yeom
colecistitis (f)	담낭염	dam-nang-yeom
úlcera (f)	궤양	gwe-yang

sarampión (m)	홍역	hong-yeok
rubeola (f)	풍진	pung-jin
ictericia (f)	황달	hwang-dal
hepatitis (f)	간염	gan-nyeom

esquizofrenia (f)	정신 분열증	jeong-sin bu-nyeol-jung
rabia (f) (hidrofobia)	광견병	gwang-gyeon-byeong
neurosis (f)	신경증	sin-gyeong-jeung
conmoción (f) cerebral	뇌진탕	noe-jin-tang

cáncer (m)	암	am
esclerosis (f)	경화증	gyeong-hwa-jeung
esclerosis (m) múltiple	다발성 경화증	da-bal-seong gyeong-hwa-jeung

alcoholismo (m)	알코올 중독	al-ko-ol jung-dok
alcohólico (m)	알코올 중독자	al-ko-ol jung-dok-ja
sífilis (f)	매독	mae-dok
SIDA (m)	에이즈	e-i-jeu

tumor (m)	종양	jong-yang
maligno (adj)	악성의	ak-seong-ui
benigno (adj)	양성의	yang-seong-ui

fiebre (f)	열병	yeol-byeong
malaria (f)	말라리아	mal-la-ri-a
gangrena (f)	괴저	goe-jeo
mareo (m)	뱃멀미	baen-meol-mi
epilepsia (f)	간질	gan-jil

epidemia (f)	유행병	yu-haeng-byeong
tifus (m)	발진티푸스	bal-jin-ti-pu-seu
tuberculosis (f)	결핵	gyeol-haek
cólera (f)	콜레라	kol-le-ra
peste (f)	페스트	pe-seu-teu

64. Los síntomas. Los tratamientos. Unidad 1

síntoma (m)	증상	jeung-sang
temperatura (f)	체온	che-on
fiebre (f)	열	yeol
pulso (m)	맥박	maek-bak

mareo (m) (vértigo)	현기증	hyeon-gi-jeung
caliente (adj)	뜨거운	tteu-geo-un
escalofrío (m)	전율	jeo-nyul
pálido (adj)	창백한	chang-baek-an

tos (f)	기침	gi-chim
toser (vi)	기침을 하다	gi-chi-meul ha-da
estornudar (vi)	재채기하다	jae-chae-gi-ha-da
desmayo (m)	실신	sil-sin
desmayarse (vr)	실신하다	sil-sin-ha-da

moradura (f)	멍	meong
chichón (m)	혹	hok
golpearse (vr)	부딪치다	bu-dit-chi-da
magulladura (f)	타박상	ta-bak-sang
magullarse (vr)	타박상을 입다	ta-bak-sang-eul rip-da

cojear (vi)	절다	jeol-da
dislocación (f)	탈구	tal-gu
dislocar (vt)	탈구하다	tal-gu-ha-da
fractura (f)	골절	gol-jeol
tener una fractura	골절하다	gol-jeol-ha-da

corte (m) (tajo)	베인	be-in
cortarse (vr)	베다	jeol-chang-eul rip-da
hemorragia (f)	출혈	chul-hyeol

| quemadura (f) | 화상 | hwa-sang |
| quemarse (vr) | 데다 | de-da |

pincharse (~ el dedo)	찌르다	jji-reu-da
pincharse (vr)	찔리다	jjil-li-da
herir (vt)	다치다	da-chi-da
herida (f)	부상	bu-sang
lesión (f) (herida)	부상	bu-sang
trauma (m)	정신적 외상	jeong-sin-jeok goe-sang

delirar (vi)	망상을 겪다	mang-sang-eul gyeok-da
tartamudear (vi)	말을 더듬다	ma-reul deo-deum-da
insolación (f)	일사병	il-sa-byeong

65. Los síntomas. Los tratamientos. Unidad 2

| dolor (m) | 통증 | tong-jeung |
| astilla (f) | 가시 | ga-si |

sudor (m)	땀	ttam
sudar (vi)	땀이 나다	ttam-i na-da
vómito (m)	구토	gu-to
convulsiones (f pl)	경련	gyeong-nyeon

embarazada (adj)	임신한	im-sin-han
nacer (vi)	태어나다	tae-eo-na-da
parto (m)	출산	chul-san
dar a luz	낳다	na-ta
aborto (m)	낙태	nak-tae

respiración (f)	호흡	ho-heup
inspiración (f)	들숨	deul-sum
espiración (f)	날숨	nal-sum
espirar (vi)	내쉬다	nae-swi-da
inspirar (vi)	들이쉬다	deu-ri-swi-da

inválido (m)	장애인	jang-ae-in
mutilado (m)	병신	byeong-sin
drogadicto (m)	마약 중독자	ma-yak jung-dok-ja

sordo (adj)	귀가 먼	gwi-ga meon
mudo (adj)	벙어리인	beong-eo-ri-in
sordomudo (adj)	농아인	nong-a-in

loco (adj)	미친	mi-chin
loco (m)	광인	gwang-in
loca (f)	광인	gwang-in
volverse loco	미치다	mi-chi-da

gen (m)	유전자	yu-jeon-ja
inmunidad (f)	면역성	myeo-nyeok-seong
hereditario (adj)	유전의	yu-jeon-ui
de nacimiento (adj)	선천적인	seon-cheon-jeo-gin
virus (m)	바이러스	ba-i-reo-seu

microbio (m)	미생물	mi-saeng-mul
bacteria (f)	세균	se-gyun
infección (f)	감염	gam-nyeom

66. Los síntomas. Los tratamientos. Unidad 3

| hospital (m) | 병원 | byeong-won |
| paciente (m) | 환자 | hwan-ja |

diagnosis (f)	진단	jin-dan
cura (f)	치료	chi-ryo
curarse (vr)	치료를 받다	chi-ryo-reul bat-da
tratar (vt)	치료하다	chi-ryo-ha-da
cuidar (a un enfermo)	간호하다	gan-ho-ha-da
cuidados (m pl)	간호	gan-ho

operación (f)	수술	su-sul
vendar (vt)	붕대를 감다	bung-dae-reul gam-da
vendaje (m)	붕대	bung-dae

vacunación (f)	예방주사	ye-bang-ju-sa
vacunar (vt)	접종하다	jeop-jong-ha-da
inyección (f)	주사	ju-sa
aplicar una inyección	주사하다	ju-sa-ha-da

amputación (f)	절단	jeol-dan
amputar (vt)	절단하다	jeol-dan-ha-da
coma (m)	혼수 상태	hon-su sang-tae
estar en coma	혼수 상태에 있다	hon-su sang-tae-e it-da
revitalización (f)	집중 치료	jip-jung chi-ryo

recuperarse (vr)	회복하다	hoe-bok-a-da
estado (m) (de salud)	상태	sang-tae
consciencia (f)	의식	ui-sik
memoria (f)	기억	gi-eok

extraer (un diente)	빼다	ppae-da
empaste (m)	충전물	chung-jeon-mul
empastar (vt)	때우다	ttae-u-da

| hipnosis (f) | 최면 | choe-myeon |
| hipnotizar (vt) | 최면을 걸다 | choe-myeo-neul geol-da |

67. La medicina. Las drogas. Los accesorios

medicamento (m), droga (f)	약	yak
remedio (m)	약제	yak-je
receta (f)	처방	cheo-bang

tableta (f)	정제	jeong-je
ungüento (m)	연고	yeon-go
ampolla (f)	앰플	aem-pul

mixtura (f), mezcla (f)	혼합물	hon-ham-mul
sirope (m)	물약	mul-lyak
píldora (f)	알약	a-ryak
polvo (m)	가루약	ga-ru-yak
venda (f)	거즈 붕대	geo-jeu bung-dae
algodón (m) (discos de ~)	솜	som
yodo (m)	요오드	yo-o-deu
tirita (f), curita (f)	반창고	ban-chang-go
pipeta (f)	점안기	jeom-an-gi
termómetro (m)	체온계	che-on-gye
jeringa (f)	주사기	ju-sa-gi
silla (f) de ruedas	휠체어	hwil-che-eo
muletas (f pl)	목발	mok-bal
anestésico (m)	진통제	jin-tong-je
purgante (m)	완하제	wan-ha-je
alcohol (m)	알코올	al-ko-ol
hierba (f) medicinal	약초	yak-cho
de hierbas (té ~)	약초의	yak-cho-ui

EL APARTAMENTO

68. El apartamento

apartamento (m)	아파트	a-pa-teu
habitación (f)	방	bang
dormitorio (m)	침실	chim-sil
comedor (m)	식당	sik-dang
salón (m)	거실	geo-sil
despacho (m)	서재	seo-jae
antecámara (f)	곁방	gyeot-bang
cuarto (m) de baño	욕실	yok-sil
servicio (m)	화장실	hwa-jang-sil
techo (m)	천장	cheon-jang
suelo (m)	마루	ma-ru
rincón (m)	구석	gu-seok

69. Los muebles. El interior

muebles (m pl)	가구	ga-gu
mesa (f)	식탁, 테이블	sik-tak, te-i-beul
silla (f)	의자	ui-ja
cama (f)	침대	chim-dae
sofá (m)	소파	so-pa
sillón (m)	안락 의자	al-lak gui-ja
librería (f)	책장	chaek-jang
estante (m)	책꽂이	chaek-kko-ji
armario (m)	옷장	ot-jang
percha (f)	옷걸이	ot-geo-ri
perchero (m) de pie	스탠드옷걸이	seu-taen-deu-ot-geo-ri
cómoda (f)	서랍장	seo-rap-jang
mesa (f) de café	커피 테이블	keo-pi te-i-beul
espejo (m)	거울	geo-ul
tapiz (m)	양탄자	yang-tan-ja
alfombra (f)	러그	reo-geu
chimenea (f)	벽난로	byeong-nan-no
vela (f)	초	cho
candelero (m)	촛대	chot-dae
cortinas (f pl)	커튼	keo-teun
empapelado (m)	벽지	byeok-ji

estor (m) de láminas	블라인드	beul-la-in-deu
lámpara (f) de mesa	테이블 램프	deung
aplique (m)	벽등	byeok-deung
lámpara (f) de pie	플로어 스탠드	peul-lo-eo seu-taen-deu
lámpara (f) de araña	샹들리에	syang-deul-li-e
pata (f) (~ de la mesa)	다리	da-ri
brazo (m)	팔걸이	pal-geo-ri
espaldar (m)	등받이	deung-ba-ji
cajón (m)	서랍	seo-rap

70. Los accesorios de cama

ropa (f) de cama	침구	chim-gu
almohada (f)	베개	be-gae
funda (f)	베갯잇	be-gaen-nit
manta (f)	이불	i-bul
sábana (f)	시트	si-teu
sobrecama (f)	침대보	chim-dae-bo

71. La cocina

cocina (f)	부엌	bu-eok
gas (m)	가스	ga-seu
cocina (f) de gas	가스 레인지	ga-seu re-in-ji
cocina (f) eléctrica	전기 레인지	jeon-gi re-in-ji
horno (m)	오븐	o-beun
horno (m) microondas	전자 레인지	jeon-ja re-in-ji
frigorífico (m)	냉장고	naeng-jang-go
congelador (m)	냉동고	naeng-dong-go
lavavajillas (m)	식기 세척기	sik-gi se-cheok-gi
picadora (f) de carne	고기 분쇄기	go-gi bun-swae-gi
exprimidor (m)	과즙기	gwa-jeup-gi
tostador (m)	토스터	to-seu-teo
batidora (f)	믹서기	mik-seo-gi
cafetera (f) (aparato de cocina)	커피 메이커	keo-pi me-i-keo
cafetera (f) (para servir)	커피 주전자	keo-pi ju-jeon-ja
molinillo (m) de café	커피 그라인더	keo-pi geu-ra-in-deo
hervidor (m) de agua	주전자	ju-jeon-ja
tetera (f)	티팟	ti-pat
tapa (f)	뚜껑	ttu-kkeong
colador (m) de té	차거름망	cha-geo-reum-mang
cuchara (f)	숟가락	sut-ga-rak
cucharilla (f)	티스푼	ti-seu-pun
cuchara (f) de sopa	숟가락	sut-ga-rak
tenedor (m)	포크	po-keu

cuchillo (m)	칼	kal
vajilla (f)	식기	sik-gi
plato (m)	접시	jeop-si
platillo (m)	받침 접시	bat-chim jeop-si

vaso (m) de chupito	소주잔	so-ju-jan
vaso (m) (~ de agua)	유리잔	yu-ri-jan
taza (f)	컵	keop

azucarera (f)	설탕그릇	seol-tang-geu-reut
salero (m)	소금통	so-geum-tong
pimentero (m)	후추통	hu-chu-tong
mantequera (f)	버터 접시	beo-teo jeop-si

cacerola (f)	냄비	naem-bi
sartén (f)	프라이팬	peu-ra-i-paen
cucharón (m)	국자	guk-ja
colador (m)	체	che
bandeja (f)	쟁반	jaeng-ban

botella (f)	병	byeong
tarro (m) de vidrio	유리병	yu-ri-byeong
lata (f)	캔, 깡통	kaen, kkang-tong

abrebotellas (m)	병따개	byeong-tta-gae
abrelatas (m)	깡통 따개	kkang-tong tta-gae
sacacorchos (m)	코르크 마개 뽑이	ko-reu-keu ma-gae ppo-bi
filtro (m)	필터	pil-teo
filtrar (vt)	여과하다	yeo-gwa-ha-da

| basura (f) | 쓰레기 | sseu-re-gi |
| cubo (m) de basura | 쓰레기통 | sseu-re-gi-tong |

72. El baño

cuarto (m) de baño	욕실	yok-sil
agua (f)	물	mul
grifo (m)	수도꼭지	su-do-kkok-ji
agua (f) caliente	온수	on-su
agua (f) fría	냉수	naeng-su

| pasta (f) de dientes | 치약 | chi-yak |
| limpiarse los dientes | 이를 닦다 | i-reul dak-da |

afeitarse (vr)	깎다	kkak-da
espuma (f) de afeitar	면도 크림	myeon-do keu-rim
maquinilla (f) de afeitar	면도기	myeon-do-gi

lavar (vt)	씻다	ssit-da
darse un baño	목욕하다	mo-gyok-a-da
ducha (f)	샤워	sya-wo
darse una ducha	샤워하다	sya-wo-ha-da
bañera (f)	욕조	yok-jo
inodoro (m)	변기	byeon-gi

lavabo (m)	세면대	se-myeon-dae
jabón (m)	비누	bi-nu
jabonera (f)	비누 그릇	bi-nu geu-reut

esponja (f)	스펀지	seu-peon-ji
champú (m)	샴푸	syam-pu
toalla (f)	수건	su-geon
bata (f) de baño	목욕가운	mo-gyok-ga-un

colada (f), lavado (m)	빨래	ppal-lae
lavadora (f)	세탁기	se-tak-gi
lavar la ropa	빨래하다	ppal-lae-ha-da
detergente (m) en polvo	가루세제	ga-ru-se-je

73. Los aparatos domésticos

televisor (m)	텔레비전	tel-le-bi-jeon
magnetófono (m)	카세트 플레이어	ka-se-teu peul-le-i-eo
vídeo (m)	비디오테이프 녹화기	bi-di-o-te-i-peu nok-wa-gi
radio (m)	라디오	ra-di-o
reproductor (m) (~ MP3)	플레이어	peul-le-i-eo

proyector (m) de vídeo	프로젝터	peu-ro-jek-teo
sistema (m) home cinema	홈씨어터	hom-ssi-eo-teo
reproductor (m) de DVD	디비디 플레이어	di-bi-di peul-le-i-eo
amplificador (m)	앰프	aem-peu
videoconsola (f)	게임기	ge-im-gi

cámara (f) de vídeo	캠코더	kaem-ko-deo
cámara (f) fotográfica	카메라	ka-me-ra
cámara (f) digital	디지털 카메라	di-ji-teol ka-me-ra

aspirador (m), aspiradora (f)	진공 청소기	jin-gong cheong-so-gi
plancha (f)	다리미	da-ri-mi
tabla (f) de planchar	다림질 판	da-rim-jil pan

teléfono (m)	전화	jeon-hwa
teléfono (m) móvil	휴대폰	hyu-dae-pon
máquina (f) de escribir	타자기	ta-ja-gi
máquina (f) de coser	재봉틀	jae-bong-teul

micrófono (m)	마이크	ma-i-keu
auriculares (m pl)	헤드폰	he-deu-pon
mando (m) a distancia	원격 조종	won-gyeok jo-jong

CD (m)	씨디	ssi-di
casete (m)	테이프	te-i-peu
disco (m) de vinilo	레코드 판	re-ko-deu pan

LA TIERRA. EL TIEMPO

74. El espacio

cosmos (m)	우주	u-ju
espacial, cósmico (adj)	우주의	u-ju-ui
espacio (m) cósmico	우주 공간	u-ju gong-gan
mundo (m)	세계	se-gye
universo (m)	우주	u-ju
galaxia (f)	은하	eun-ha
estrella (f)	별, 항성	byeol, hang-seong
constelación (f)	별자리	byeol-ja-ri
planeta (m)	행성	haeng-seong
satélite (m)	인공위성	in-gong-wi-seong
meteorito (m)	운석	un-seok
cometa (m)	혜성	hye-seong
asteroide (m)	소행성	so-haeng-seong
órbita (f)	궤도	gwe-do
girar (vi)	회전한다	hoe-jeon-han-da
atmósfera (f)	대기	dae-gi
Sol (m)	태양	tae-yang
sistema (m) solar	태양계	tae-yang-gye
eclipse (m) de Sol	일식	il-sik
Tierra (f)	지구	ji-gu
Luna (f)	달	dal
Marte (m)	화성	hwa-seong
Venus (f)	금성	geum-seong
Júpiter (m)	목성	mok-seong
Saturno (m)	토성	to-seong
Mercurio (m)	수성	su-seong
Urano (m)	천왕성	cheon-wang-seong
Neptuno (m)	해왕성	hae-wang-seong
Plutón (m)	명왕성	myeong-wang-seong
la Vía Láctea	은하수	eun-ha-su
la Osa Mayor	큰곰자리	keun-gom-ja-ri
la Estrella Polar	북극성	buk-geuk-seong
marciano (m)	화성인	hwa-seong-in
extraterrestre (m)	외계인	oe-gye-in
planetícola (m)	외계인	oe-gye-in
platillo (m) volante	비행 접시	bi-haeng jeop-si
nave (f) espacial	우주선	u-ju-seon

estación (f) orbital	우주 정거장	u-ju jeong-nyu-jang
motor (m)	엔진	en-jin
tobera (f)	노즐	no-jeul
combustible (m)	연료	yeol-lyo

carlinga (f)	조종석	jo-jong-seok
antena (f)	안테나	an-te-na
ventana (f)	현창	hyeon-chang
batería (f) solar	태양 전지	tae-yang jeon-ji
escafandra (f)	우주복	u-ju-bok

| ingravidez (f) | 무중력 | mu-jung-nyeok |
| oxígeno (m) | 산소 | san-so |

| atraque (m) | 도킹 | do-king |
| realizar el atraque | 도킹하다 | do-king-ha-da |

observatorio (m)	천문대	cheon-mun-dae
telescopio (m)	망원경	mang-won-gyeong
observar (vt)	관찰하다	gwan-chal-ha-da
explorar (~ el universo)	탐험하다	tam-heom-ha-da

75. La tierra

Tierra (f)	지구	ji-gu
globo (m) terrestre	지구	ji-gu
planeta (m)	행성	haeng-seong

atmósfera (f)	대기	dae-gi
geografía (f)	지리학	ji-ri-hak
naturaleza (f)	자연	ja-yeon

globo (m) terráqueo	지구의	ji-gu-ui
mapa (m)	지도	ji-do
atlas (m)	지도첩	ji-do-cheop

Europa (f)	유럽	yu-reop
Asia (f)	아시아	a-si-a
África (f)	아프리카	a-peu-ri-ka
Australia (f)	호주	ho-ju

América (f)	아메리카 대륙	a-me-ri-ka dae-ryuk
América (f) del Norte	북아메리카	bu-ga-me-ri-ka
América (f) del Sur	남아메리카	nam-a-me-ri-ka

| Antártida (f) | 남극 대륙 | nam-geuk dae-ryuk |
| Ártico (m) | 극지방 | geuk-ji-bang |

76. Los puntos cardinales

| norte (m) | 북쪽 | buk-jjok |
| al norte | 북쪽으로 | buk-jjo-geu-ro |

| en el norte | 북쪽에 | buk-jjo-ge |
| del norte (adj) | 북쪽의 | buk-jjo-gui |

sur (m)	남쪽	nam-jjok
al sur	남쪽으로	nam-jjo-geu-ro
en el sur	남쪽에	nam-jjo-ge
del sur (adj)	남쪽의	nam-jjo-gui

oeste (m)	서쪽	seo-jjok
al oeste	서쪽으로	seo-jjo-geu-ro
en el oeste	서쪽에	seo-jjo-ge
del oeste (adj)	서쪽의	seo-jjo-gui

este (m)	동쪽	dong-jjok
al este	동쪽으로	dong-jjo-geu-ro
en el este	동쪽에	dong-jjo-ge
del este (adj)	동쪽의	dong-jjo-gui

77. El mar. El océano

mar (m)	바다	ba-da
océano (m)	대양	dae-yang
golfo (m)	만	man
estrecho (m)	해협	hae-hyeop

continente (m)	대륙	dae-ryuk
isla (f)	섬	seom
península (f)	반도	ban-do
archipiélago (m)	군도	gun-do

bahía (f)	만	man
ensenada, bahía (f)	항구	hang-gu
laguna (f)	석호	seok-o
cabo (m)	곶	got

atolón (m)	환초	hwan-cho
arrecife (m)	암초	am-cho
coral (m)	산호	san-ho
arrecife (m) de coral	산호초	san-ho-cho

profundo (adj)	깊은	gi-peun
profundidad (f)	깊이	gi-pi
fosa (f) oceánica	해구	hae-gu

| corriente (f) | 해류 | hae-ryu |
| bañar (rodear) | 둘러싸다 | dul-leo-ssa-da |

| orilla (f) | 해변 | hae-byeon |
| costa (f) | 바닷가 | ba-dat-ga |

flujo (m)	밀물	mil-mul
reflujo (m)	썰물	sseol-mul
banco (m) de arena	모래톱	mo-rae-top
fondo (m)	해저	hae-jeo

ola (f)	파도	pa-do
cresta (f) de la ola	물마루	mul-ma-ru
espuma (f)	거품	geo-pum

huracán (m)	허리케인	heo-ri-ke-in
tsunami (m)	해일	hae-il
bonanza (f)	고요함	go-yo-ham
calmo, tranquilo	고요한	go-yo-han

| polo (m) | 극 | geuk |
| polar (adj) | 극지의 | geuk-ji-ui |

latitud (f)	위도	wi-do
longitud (f)	경도	gyeong-do
paralelo (m)	위도선	wi-do-seon
ecuador (m)	적도	jeok-do

cielo (m)	하늘	ha-neul
horizonte (m)	수평선	su-pyeong-seon
aire (m)	공기	gong-gi

faro (m)	등대	deung-dae
bucear (vi)	뛰어들다	ttwi-eo-deul-da
hundirse (vr)	가라앉다	ga-ra-an-da
tesoros (m pl)	보물	bo-mul

78. Los nombres de los mares y los océanos

océano (m) Atlántico	대서양	dae-seo-yang
océano (m) Índico	인도양	in-do-yang
océano (m) Pacífico	태평양	tae-pyeong-yang
océano (m) Glacial Ártico	북극해	buk-geuk-ae

mar (m) Negro	흑해	heuk-ae
mar (m) Rojo	홍해	hong-hae
mar (m) Amarillo	황해	hwang-hae
mar (m) Blanco	백해	baek-ae

mar (m) Caspio	카스피 해	ka-seu-pi hae
mar (m) Muerto	사해	sa-hae
mar (m) Mediterráneo	지중해	ji-jung-hae

| mar (m) Egeo | 에게 해 | e-ge hae |
| mar (m) Adriático | 아드리아 해 | a-deu-ri-a hae |

mar (m) Arábigo	아라비아 해	a-ra-bi-a hae
mar (m) del Japón	동해	dong-hae
mar (m) de Bering	베링 해	be-ring hae
mar (m) de la China Meridional	남중국해	nam-jung-guk-ae

mar (m) del Coral	산호해	san-ho-hae
mar (m) de Tasmania	태즈먼 해	tae-jeu-meon hae
mar (m) Caribe	카리브 해	ka-ri-beu hae

mar (m) de Barents	바렌츠 해	ba-ren-cheu hae
mar (m) de Kara	카라 해	ka-ra hae
mar (m) del Norte	북해	buk-ae
mar (m) Báltico	발트 해	bal-teu hae
mar (m) de Noruega	노르웨이 해	no-reu-we-i hae

79. Las montañas

montaña (f)	산	san
cadena (f) de montañas	산맥	san-maek
cresta (f) de montañas	능선	neung-seon
cima (f)	정상	jeong-sang
pico (m)	봉우리	bong-u-ri
pie (m)	기슭	gi-seuk
cuesta (f)	경사면	gyeong-sa-myeon
volcán (m)	화산	hwa-san
volcán (m) activo	활화산	hwal-hwa-san
volcán (m) apagado	사화산	sa-hwa-san
erupción (f)	폭발	pok-bal
cráter (m)	분화구	bun-hwa-gu
magma (m)	마그마	ma-geu-ma
lava (f)	용암	yong-am
fundido (lava ~a)	녹은	no-geun
cañón (m)	협곡	hyeop-gok
desfiladero (m)	협곡	hyeop-gok
grieta (f)	갈라진	gal-la-jin
puerto (m) (paso)	산길	san-gil
meseta (f)	고원	go-won
roca (f)	절벽	jeol-byeok
colina (f)	언덕, 작은 산	eon-deok, ja-geun san
glaciar (m)	빙하	bing-ha
cascada (f)	폭포	pok-po
geiser (m)	간헐천	gan-heol-cheon
lago (m)	호수	ho-su
llanura (f)	평원	pyeong-won
paisaje (m)	경관	gyeong-gwan
eco (m)	메아리	me-a-ri
alpinista (m)	등산가	deung-san-ga
escalador (m)	암벽 등반가	am-byeok deung-ban-ga
conquistar (vt)	정복하다	jeong-bok-a-da
ascensión (f)	등반	deung-ban

80. Los nombres de las montañas

Alpes (m pl)	알프스 산맥	al-peu-seu san-maek
Montblanc (m)	몽블랑 산	mong-beul-lang san
Pirineos (m pl)	피레네 산맥	pi-re-ne san-maek
Cárpatos (m pl)	카르파티아 산맥	ka-reu-pa-ti-a san-maek
Urales (m pl)	우랄 산맥	u-ral san-maek
Cáucaso (m)	코카서스 산맥	ko-ka-seo-seu san-maek
Elbrus (m)	엘브루스 산	el-beu-ru-seu san
Altai (m)	알타이 산맥	al-ta-i san-maek
Tian-Shan (m)	텐샨 산맥	ten-syan san-maek
Pamir (m)	파미르 고원	pa-mi-reu go-won
Himalayos (m pl)	히말라야 산맥	hi-mal-la-ya san-maek
Everest (m)	에베레스트 산	e-be-re-seu-teu san
Andes (m pl)	안데스 산맥	an-de-seu san-maek
Kilimanjaro (m)	킬리만자로 산	kil-li-man-ja-ro san

81. Los ríos

río (m)	강	gang
manantial (m)	샘	saem
lecho (m) (curso de agua)	강바닥	gang-ba-dak
cuenca (f) fluvial	유역	yu-yeok
desembocar en ...	··· 로 흘러가다	... ro heul-leo-ga-da
afluente (m)	지류	ji-ryu
ribera (f)	둑	duk
corriente (f)	흐름	heu-reum
río abajo (adv)	하류로	gang ha-ryu-ro
río arriba (adv)	상류로	sang-nyu-ro
inundación (f)	홍수	hong-su
riada (f)	홍수	hong-su
desbordarse (vr)	범람하다	beom-nam-ha-da
inundar (vt)	범람하다	beom-nam-ha-da
bajo (m) arenoso	얕은 곳	ya-teun got
rápido (m)	여울	yeo-ul
presa (f)	댐	daem
canal (m)	운하	un-ha
lago (m) artificiale	저수지	jeo-su-ji
esclusa (f)	수문	su-mun
cuerpo (m) de agua	저장 수량	jeo-jang su-ryang
pantano (m)	늪, 소택지	neup, so-taek-ji
ciénaga (f)	수렁	su-reong
remolino (m)	소용돌이	so-yong-do-ri
arroyo (m)	개울, 시내	gae-ul, si-nae

potable (adj)	마실 수 있는	ma-sil su in-neun
dulce (agua ~)	민물의	min-mu-rui
hielo (m)	얼음	eo-reum
helarse (el lago, etc.)	얼다	eol-da

82. Los nombres de los ríos

Sena (m)	센 강	sen gang
Loira (m)	루아르 강	ru-a-reu gang
Támesis (m)	템스 강	tem-seu gang
Rin (m)	라인 강	ra-in gang
Danubio (m)	도나우 강	do-na-u gang
Volga (m)	볼가 강	bol-ga gang
Don (m)	돈 강	don gang
Lena (m)	레나 강	re-na gang
Río (m) Amarillo	황허강	hwang-heo-gang
Río (m) Azul	양자강	yang-ja-gang
Mekong (m)	메콩 강	me-kong gang
Ganges (m)	갠지스 강	gaen-ji-seu gang
Nilo (m)	나일 강	na-il gang
Congo (m)	콩고 강	kong-go gang
Okavango (m)	오카방고 강	o-ka-bang-go gang
Zambeze (m)	잠베지 강	jam-be-ji gang
Limpopo (m)	림포포 강	rim-po-po gang

83. El bosque

bosque (m)	숲	sup
de bosque (adj)	산림의	sal-li-mui
espesura (f)	밀림	mil-lim
bosquecillo (m)	작은 숲	ja-geun sup
claro (m)	빈터	bin-teo
maleza (f)	덤불	deom-bul
matorral (m)	관목지	gwan-mok-ji
senda (f)	오솔길	o-sol-gil
barranco (m)	도랑	do-rang
árbol (m)	나무	na-mu
hoja (f)	잎	ip
follaje (m)	나뭇잎	na-mun-nip
caída (f) de hojas	낙엽	na-gyeop
caer (las hojas)	떨어지다	tteo-reo-ji-da
rama (f)	가지	ga-ji

rama (f) (gruesa)	큰 가지	keun ga-ji
brote (m)	잎눈	im-nun
aguja (f)	바늘	ba-neul
piña (f)	솔방울	sol-bang-ul

| agujero (m) | 구멍 | gu-meong |
| nido (m) | 둥지 | dung-ji |

tronco (m)	몸통	mom-tong
raíz (f)	뿌리	ppu-ri
corteza (f)	껍질	kkeop-jil
musgo (m)	이끼	i-kki

extirpar (vt)	수목을 통째 뽑다	su-mo-geul tong-jjae ppop-da
talar (vt)	자르다	ja-reu-da
deforestar (vt)	삼림을 없애다	sam-ni-meul reop-sae-da
tocón (m)	그루터기	geu-ru-teo-gi

hoguera (f)	모닥불	mo-dak-bul
incendio (m) forestal	산불	san-bul
apagar (~ el incendio)	끄다	kkeu-da

guarda (m) forestal	산림경비원	sal-lim-gyeong-bi-won
protección (f)	보호	bo-ho
proteger (vt)	보호하다	bo-ho-ha-da
cazador (m) furtivo	밀렵자	mil-lyeop-ja
cepo (m)	덫	deot

| recoger (setas, bayas) | 따다 | tta-da |
| perderse (vr) | 길을 잃다 | gi-reul ril-ta |

84. Los recursos naturales

recursos (m pl) naturales	천연 자원	cheo-nyeon ja-won
depósitos (m pl)	매장량	mae-jang-nyang
yacimiento (m)	지역	ji-yeok

extraer (vt)	채광하다	chae-gwang-ha-da
extracción (f)	막장일	mak-jang-il
mena (f)	광석	gwang-seok
mina (f)	광산	gwang-san
pozo (m) de mina	갱도	gaeng-do
minero (m)	광부	gwang-bu

| gas (m) | 가스 | ga-seu |
| gasoducto (m) | 가스관 | ga-seu-gwan |

petróleo (m)	석유	seo-gyu
oleoducto (m)	석유 파이프라인	seo-gyu pa-i-peu-ra-in
pozo (m) de petróleo	유정	yu-jeong
torre (f) de sondeo	유정탑	yu-jeong-tap
petrolero (m)	유조선	yu-jo-seon
arena (f)	모래	mo-rae
caliza (f)	석회석	seok-oe-seok

grava (f)	자갈	ja-gal
turba (f)	토탄	to-tan
arcilla (f)	점토	jeom-to
carbón (m)	석탄	seok-tan

hierro (m)	철	cheol
oro (m)	금	geum
plata (f)	은	eun
níquel (m)	니켈	ni-kel
cobre (m)	구리	gu-ri

zinc (m)	아연	a-yeon
manganeso (m)	망간	mang-gan
mercurio (m)	수은	su-eun
plomo (m)	납	nap

mineral (m)	광물	gwang-mul
cristal (m)	수정	su-jeong
mármol (m)	대리석	dae-ri-seok
uranio (m)	우라늄	u-ra-nyum

85. El tiempo

tiempo (m)	날씨	nal-ssi
previsión (f) del tiempo	일기 예보	il-gi ye-bo
temperatura (f)	온도	on-do
termómetro (m)	온도계	on-do-gye
barómetro (m)	기압계	gi-ap-gye

humedad (f)	습함, 습기	seu-pam, seup-gi
bochorno (m)	더위	deo-wi
tórrido (adj)	더운	deo-un
hace mucho calor	덥다	deop-da

| hace calor (templado) | 따뜻하다 | tta-tteu-ta-da |
| templado (adj) | 따뜻한 | tta-tteu-tan |

| hace frío | 춥다 | chup-da |
| frío (adj) | 추운 | chu-un |

sol (m)	해	hae
brillar (vi)	빛나다	bin-na-da
soleado (un día ~)	화창한	hwa-chang-han
elevarse (el sol)	뜨다	tteu-da
ponerse (vr)	지다	ji-da

nube (f)	구름	gu-reum
nuboso (adj)	구름의	gu-reum-ui
nublado (adj)	흐린	heu-rin

lluvia (f)	비	bi
está lloviendo	비가 오다	bi-ga o-da
lluvioso (adj)	비가 오는	bi-ga o-neun
lloviznar (vi)	이슬비가 내리다	i-seul-bi-ga nae-ri-da

aguacero (m)	억수	eok-su
chaparrón (m)	호우	ho-u
fuerte (la lluvia ~)	심한	sim-han
charco (m)	웅덩이	ung-deong-i
mojarse (vr)	젖다	jeot-da

niebla (f)	안개	an-gae
nebuloso (adj)	안개가 자욱한	an-gae-ga ja-uk-an
nieve (f)	눈	nun
está nevando	눈이 오다	nun-i o-da

86. Los eventos climáticos severos. Los desastres naturales

tormenta (f)	뇌우	noe-u
relámpago (m)	번개	beon-gae
relampaguear (vi)	번쩍이다	beon-jjeo-gi-da

trueno (m)	천둥	cheon-dung
tronar (vi)	천둥이 치다	cheon-dung-i chi-da
está tronando	천둥이 치다	cheon-dung-i chi-da

granizo (m)	싸락눈	ssa-rang-nun
está granizando	싸락눈이 내리다	ssa-rang-nun-i nae-ri-da

inundar (vt)	범람하다	beom-nam-ha-da
inundación (f)	홍수	hong-su

terremoto (m)	지진	ji-jin
sacudida (f)	진동	jin-dong
epicentro (m)	진앙	jin-ang

erupción (f)	폭발	pok-bal
lava (f)	용암	yong-am

torbellino (m)	회오리바람	hoe-o-ri-ba-ram
tornado (m)	토네이도	to-ne-i-do
tifón (m)	태풍	tae-pung

huracán (m)	허리케인	heo-ri-ke-in
tempestad (f)	폭풍우	pok-pung-u
tsunami (m)	해일	hae-il

incendio (m)	불	bul
catástrofe (f)	재해	jae-hae
meteorito (m)	운석	un-seok

avalancha (f)	눈사태	nun-sa-tae
alud (m) de nieve	눈사태	nun-sa-tae
ventisca (f)	눈보라	nun-bo-ra
nevasca (f)	눈보라	nun-bo-ra

LA FAUNA

87. Los mamíferos. Los predadores

carnívoro (m)	육식 동물	yuk-sik dong-mul
tigre (m)	호랑이	ho-rang-i
león (m)	사자	sa-ja
lobo (m)	이리	i-ri
zorro (m)	여우	yeo-u
jaguar (m)	재규어	jae-gyu-eo
leopardo (m)	표범	pyo-beom
guepardo (m)	치타	chi-ta
puma (f)	퓨마	pyu-ma
leopardo (m) de las nieves	눈표범	nun-pyo-beom
lince (m)	스라소니	seu-ra-so-ni
coyote (m)	코요테	ko-yo-te
chacal (m)	재칼	jae-kal
hiena (f)	하이에나	ha-i-e-na

88. Los animales salvajes

animal (m)	동물	dong-mul
bestia (f)	짐승	jim-seung
ardilla (f)	다람쥐	da-ram-jwi
erizo (m)	고슴도치	go-seum-do-chi
liebre (f)	토끼	to-kki
conejo (m)	굴토끼	gul-to-kki
tejón (m)	오소리	o-so-ri
mapache (m)	너구리	neo-gu-ri
hámster (m)	햄스터	haem-seu-teo
marmota (f)	마멋	ma-meot
topo (m)	두더지	du-deo-ji
ratón (m)	생쥐	saeng-jwi
rata (f)	시궁쥐	si-gung-jwi
murciélago (m)	박쥐	bak-jwi
armiño (m)	북방족제비	buk-bang-jok-je-bi
cebellina (f)	검은담비	geo-meun-dam-bi
marta (f)	담비	dam-bi
visón (m)	밍크	ming-keu
castor (m)	비버	bi-beo
nutria (f)	수달	su-dal

caballo (m)	말	mal
alce (m)	엘크, 무스	el-keu, mu-seu
ciervo (m)	사슴	sa-seum
camello (m)	낙타	nak-ta

bisonte (m)	미국들소	mi-guk-deul-so
uro (m)	유럽들소	yu-reop-deul-so
búfalo (m)	물소	mul-so

cebra (f)	얼룩말	eol-lung-mal
antílope (m)	영양	yeong-yang
corzo (m)	노루	no-ru
gamo (m)	다마사슴	da-ma-sa-seum
gamuza (f)	샤모아	sya-mo-a
jabalí (m)	멧돼지	met-dwae-ji

ballena (f)	고래	go-rae
foca (f)	바다표범	ba-da-pyo-beom
morsa (f)	바다코끼리	ba-da-ko-kki-ri
oso (m) marino	물개	mul-gae
delfín (m)	돌고래	dol-go-rae

oso (m)	곰	gom
oso (m) blanco	북극곰	buk-geuk-gom
panda (f)	판다	pan-da

mono (m)	원숭이	won-sung-i
chimpancé (m)	침팬지	chim-paen-ji
orangután (m)	오랑우탄	o-rang-u-tan
gorila (m)	고릴라	go-ril-la
macaco (m)	마카크	ma-ka-keu
gibón (m)	긴팔원숭이	gin-pa-rwon-sung-i

elefante (m)	코끼리	ko-kki-ri
rinoceronte (m)	코뿔소	ko-ppul-so
jirafa (f)	기린	gi-rin
hipopótamo (m)	하마	ha-ma

| canguro (m) | 캥거루 | kaeng-geo-ru |
| koala (f) | 코알라 | ko-al-la |

mangosta (f)	몽구스	mong-gu-seu
chinchilla (f)	친칠라	chin-chil-la
mofeta (f)	스컹크	seu-keong-keu
espín (m)	호저	ho-jeo

89. Los animales domésticos

| gata (f) | 고양이 | go-yang-i |
| gato (m) | 수고양이 | su-go-yang-i |

caballo (m)	말	mal
garañón (m)	수말, 종마	su-mal, jong-ma
yegua (f)	암말	am-mal

vaca (f)	암소	am-so
toro (m)	황소	hwang-so
buey (m)	수소	su-so
oveja (f)	양, 암양	yang, a-myang
carnero (m)	수양	su-yang
cabra (f)	염소	yeom-so
cabrón (m)	숫염소	sun-nyeom-so
asno (m)	당나귀	dang-na-gwi
mulo (m)	노새	no-sae
cerdo (m)	돼지	dwae-ji
cerdito (m)	돼지 새끼	dwae-ji sae-kki
conejo (m)	집토끼	jip-to-kki
gallina (f)	암탉	am-tak
gallo (m)	수탉	su-tak
pato (m)	집오리	ji-bo-ri
ánade (m)	수오리	su-o-ri
ganso (m)	집거위	jip-geo-wi
pavo (m)	수칠면조	su-chil-myeon-jo
pava (f)	칠면조	chil-myeon-jo
animales (m pl) domésticos	가축	ga-chuk
domesticado (adj)	길들여진	gil-deu-ryeo-jin
domesticar (vt)	길들이다	gil-deu-ri-da
criar (vt)	사육하다, 기르다	sa-yuk-a-da, gi-reu-da
granja (f)	농장	nong-jang
aves (f pl) de corral	가금	ga-geum
ganado (m)	가축	ga-chuk
rebaño (m)	떼	tte
caballeriza (f)	마구간	ma-gu-gan
porqueriza (f)	돼지 우리	dwae-ji u-ri
vaquería (f)	외양간	oe-yang-gan
conejal (m)	토끼장	to-kki-jang
gallinero (m)	닭장	dak-jang

90. Los pájaros

pájaro (m)	새	sae
paloma (f)	비둘기	bi-dul-gi
gorrión (m)	참새	cham-sae
carbonero (m)	박새	bak-sae
urraca (f)	까치	kka-chi
cuervo (m)	갈가마귀	gal-ga-ma-gwi
corneja (f)	까마귀	kka-ma-gwi
chova (f)	갈가마귀	gal-ga-ma-gwi
grajo (m)	떼까마귀	ttae-kka-ma-gwi

pato (m)	오리	o-ri
ganso (m)	거위	geo-wi
faisán (m)	꿩	kkwong

águila (f)	독수리	dok-su-ri
azor (m)	매	mae
halcón (m)	매	mae
buitre (m)	독수리, 콘도르	dok-su-ri, kon-do-reu
cóndor (m)	콘도르	kon-do-reu

cisne (m)	백조	baek-jo
grulla (f)	두루미	du-ru-mi
cigüeña (f)	황새	hwang-sae
loro (m), papagayo (m)	앵무새	aeng-mu-sae
colibrí (m)	벌새	beol-sae
pavo (m) real	공작	gong-jak

avestruz (m)	타조	ta-jo
garza (f)	왜가리	wae-ga-ri
flamenco (m)	플라밍고	peul-la-ming-go
pelícano (m)	펠리컨	pel-li-keon

ruiseñor (m)	나이팅게일	na-i-ting-ge-il
golondrina (f)	제비	je-bi
tordo (m)	지빠귀	ji-ppa-gwi
zorzal (m)	노래지빠귀	no-rae-ji-ppa-gwi
mirlo (m)	대륙검은지빠귀	dae-ryuk-geo-meun-ji-ppa-gwi

vencejo (m)	칼새	kal-sae
alondra (f)	종다리	jong-da-ri
codorniz (f)	메추라기	me-chu-ra-gi

pájaro carpintero (m)	딱따구리	ttak-tta-gu-ri
cuco (m)	뻐꾸기	ppeo-kku-gi
lechuza (f)	올빼미	ol-ppae-mi
búho (m)	수리부엉이	su-ri-bu-eong-i
urogallo (m)	큰뇌조	keun-noe-jo
gallo lira (m)	멧닭	met-dak
perdiz (f)	자고	ja-go

estornino (m)	찌르레기	jji-reu-re-gi
canario (m)	카나리아	ka-na-ri-a
pinzón (m)	되새	doe-sae
camachuelo (m)	피리새	pi-ri-sae

gaviota (f)	갈매기	gal-mae-gi
albatros (m)	신천옹	sin-cheon-ong
pingüino (m)	펭귄	peng-gwin

91. Los peces. Los animales marinos

| brema (f) | 도미류 | do-mi-ryu |
| carpa (f) | 잉어 | ing-eo |

perca (f)	농어의 일종	nong-eo-ui il-jong
siluro (m)	메기	me-gi
lucio (m)	북부민물꼬치고기	buk-bu-min-mul-kko-chi-go-gi

| salmón (m) | 연어 | yeon-eo |
| esturión (m) | 철갑상어 | cheol-gap-sang-eo |

arenque (m)	청어	cheong-eo
salmón (m) del Atlántico	대서양 연어	dae-seo-yang yeon-eo
caballa (f)	고등어	go-deung-eo
lenguado (m)	넙치	neop-chi

bacalao (m)	대구	dae-gu
atún (m)	참치	cham-chi
trucha (f)	송어	song-eo

anguila (f)	뱀장어	baem-jang-eo
raya (f) eléctrica	시끈가오리	si-kkeun-ga-o-ri
morena (f)	곰치	gom-chi
piraña (f)	피라니아	pi-ra-ni-a

tiburón (m)	상어	sang-eo
delfín (m)	돌고래	dol-go-rae
ballena (f)	고래	go-rae

centolla (f)	게	ge
medusa (f)	해파리	hae-pa-ri
pulpo (m)	낙지	nak-ji

estrella (f) de mar	불가사리	bul-ga-sa-ri
erizo (m) de mar	성게	seong-ge
caballito (m) de mar	해마	hae-ma

ostra (f)	굴	gul
camarón (m)	새우	sae-u
bogavante (m)	바닷가재	ba-dat-ga-jae
langosta (f)	대하	dae-ha

92. Los anfibios. Los reptiles

| serpiente (f) | 뱀 | baem |
| venenoso (adj) | 독이 있는 | do-gi in-neun |

víbora (f)	살무사	sal-mu-sa
cobra (f)	코브라	ko-beu-ra
pitón (m)	비단뱀	bi-dan-baem
boa (f)	보아	bo-a

culebra (f)	풀뱀	pul-baem
serpiente (m) de cascabel	방울뱀	bang-ul-baem
anaconda (f)	아나콘다	a-na-kon-da

| lagarto (m) | 도마뱀 | do-ma-baem |
| iguana (f) | 이구아나 | i-gu-a-na |

salamandra (f)	도롱뇽	do-rong-nyong
camaleón (m)	카멜레온	ka-mel-le-on
escorpión (m)	전갈	jeon-gal

tortuga (f)	거북	geo-buk
rana (f)	개구리	gae-gu-ri
sapo (m)	두꺼비	du-kkeo-bi
cocodrilo (m)	악어	a-geo

93. Los insectos

insecto (m)	곤충	gon-chung
mariposa (f)	나비	na-bi
hormiga (f)	개미	**gae**-mi
mosca (f)	파리	pa-ri
mosquito (m) (picadura de ~)	모기	mo-gi
escarabajo (m)	딱정벌레	ttak-jeong-beol-le

avispa (f)	말벌	mal-beol
abeja (f)	꿀벌	kkul-beol
abejorro (m)	호박벌	ho-bak-beol
moscardón (m)	쇠파리	soe-pa-ri

| araña (f) | 거미 | geo-mi |
| telaraña (f) | 거미줄 | geo-mi-jul |

libélula (f)	잠자리	jam-ja-ri
saltamontes (m)	메뚜기	me-ttu-gi
mariposa (f) nocturna	나방	na-bang

cucaracha (f)	바퀴벌레	ba-kwi-beol-le
garrapata (f)	진드기	jin-deu-gi
pulga (f)	벼룩	byeo-ruk
mosca (f) negra	깔따구	kkal-tta-gu

langosta (f)	메뚜기	me-ttu-gi
caracol (m)	달팽이	dal-paeng-i
grillo (m)	귀뚜라미	gwi-ttu-ra-mi
luciérnaga (f)	개똥벌레	gae-ttong-beol-le
mariquita (f)	무당벌레	mu-dang-beol-le
sanjuanero (m)	왕풍뎅이	wang-pung-deng-i

sanguijuela (f)	거머리	geo-meo-ri
oruga (f)	애벌레	ae-beol-le
lombriz (m) de tierra	지렁이	ji-reong-i
larva (f)	애벌레	ae-beol-le

LA FLORA

94. Los árboles

árbol (m)	나무	na-mu
foliáceo (adj)	낙엽수의	na-gyeop-su-ui
conífero (adj)	침엽수의	chi-myeop-su-ui
de hoja perenne	상록의	sang-no-gui
manzano (m)	사과나무	sa-gwa-na-mu
peral (m)	배나무	bae-na-mu
cerezo (m), guindo (m)	벚나무	beon-na-mu
ciruelo (m)	자두나무	ja-du-na-mu
abedul (m)	자작나무	ja-jang-na-mu
roble (m)	오크	o-keu
tilo (m)	보리수	bo-ri-su
pobo (m)	사시나무	sa-si-na-mu
arce (m)	단풍나무	dan-pung-na-mu
pícea (f)	가문비나무	ga-mun-bi-na-mu
pino (m)	소나무	so-na-mu
alerce (m)	낙엽송	na-gyeop-song
abeto (m)	전나무	jeon-na-mu
cedro (m)	시다	si-da
álamo (m)	포플러	po-peul-leo
serbal (m)	마가목	ma-ga-mok
sauce (m)	버드나무	beo-deu-na-mu
aliso (m)	오리나무	o-ri-na-mu
haya (f)	너도밤나무	neo-do-bam-na-mu
olmo (m)	느릅나무	neu-reum-na-mu
fresno (m)	물푸레나무	mul-pu-re-na-mu
castaño (m)	밤나무	bam-na-mu
magnolia (f)	목련	mong-nyeon
palmera (f)	야자나무	ya-ja-na-mu
ciprés (m)	사이프러스	sa-i-peu-reo-seu
mangle (m)	맹그로브	maeng-geu-ro-beu
baobab (m)	바오밥나무	ba-o-bam-na-mu
eucalipto (m)	유칼립투스	yu-kal-lip-tu-seu
secoya (f)	세쿼이아	se-kwo-i-a

95. Los arbustos

mata (f)	덤불	deom-bul
arbusto (m)	관목	gwan-mok

vid (f)	포도 덩굴	po-do deong-gul
viñedo (m)	포도밭	po-do-bat
frambueso (m)	라즈베리	ra-jeu-be-ri
grosellero (m) rojo	레드커런트 나무	re-deu-keo-reon-teu na-mu
grosellero (m) espinoso	구스베리 나무	gu-seu-be-ri na-mu

acacia (f)	아카시아	a-ka-si-a
berberís (m)	매자나무	mae-ja-na-mu
jazmín (m)	재스민	jae-seu-min

enebro (m)	두송	du-song
rosal (m)	장미 덤불	jang-mi deom-bul
escaramujo (m)	찔레나무	jjil-le-na-mu

96. Las frutas. Las bayas

manzana (f)	사과	sa-gwa
pera (f)	배	bae
ciruela (f)	자두	ja-du
fresa (f)	딸기	ttal-gi
guinda (f)	신양	si-nyang
cereza (f)	양벚나무	yang-beon-na-mu
uva (f)	포도	po-do

frambuesa (f)	라즈베리	ra-jeu-be-ri
grosella (f) negra	블랙커렌트	beul-laek-keo-ren-teu
grosella (f) roja	레드커렌트	re-deu-keo-ren-teu
grosella (f) espinosa	구스베리	gu-seu-be-ri
arándano (m) agrio	크랜베리	keu-raen-be-ri

naranja (f)	오렌지	o-ren-ji
mandarina (f)	귤	gyul
piña (f)	파인애플	pa-in-ae-peul
banana (f)	바나나	ba-na-na
dátil (m)	대추야자	dae-chu-ya-ja

limón (m)	레몬	re-mon
albaricoque (m)	살구	sal-gu
melocotón (m)	복숭아	bok-sung-a
kiwi (m)	키위	ki-wi
toronja (f)	자몽	ja-mong

baya (f)	장과	jang-gwa
bayas (f pl)	장과류	jang-gwa-ryu
arándano (m) rojo	월귤나무	wol-gyul-la-mu
fresa (f) silvestre	야생딸기	ya-saeng-ttal-gi
arándano (m)	빌베리	bil-be-ri

97. Las flores. Las plantas

flor (f)	꽃	kkot
ramo (m) de flores	꽃다발	kkot-da-bal

rosa (f)	장미	jang-mi
tulipán (m)	튤립	tyul-lip
clavel (m)	카네이션	ka-ne-i-syeon
gladiolo (m)	글라디올러스	geul-la-di-ol-leo-seu
aciano (m)	수레국화	su-re-guk-wa
campanilla (f)	실잔대	sil-jan-dae
diente (m) de león	민들레	min-deul-le
manzanilla (f)	캐모마일	kae-mo-ma-il
áloe (m)	알로에	al-lo-e
cacto (m)	선인장	seon-in-jang
ficus (m)	고무나무	go-mu-na-mu
azucena (f)	백합	baek-ap
geranio (m)	제라늄	je-ra-nyum
jacinto (m)	히아신스	hi-a-sin-seu
mimosa (f)	미모사	mi-mo-sa
narciso (m)	수선화	su-seon-hwa
capuchina (f)	한련	hal-lyeon
orquídea (f)	난초	nan-cho
peonía (f)	모란	mo-ran
violeta (f)	바이올렛	ba-i-ol-let
trinitaria (f)	팬지	paen-ji
nomeolvides (f)	물망초	mul-mang-cho
margarita (f)	데이지	de-i-ji
amapola (f)	양귀비	yang-gwi-bi
cáñamo (m)	삼	sam
menta (f)	박하	bak-a
muguete (m)	은방울꽃	eun-bang-ul-kkot
campanilla (f) de las nieves	스노드롭	seu-no-deu-rop
ortiga (f)	쐐기풀	sswae-gi-pul
acedera (f)	수영	su-yeong
nenúfar (m)	수련	su-ryeon
helecho (m)	고사리	go-sa-ri
liquen (m)	이끼	i-kki
invernadero (m) tropical	온실	on-sil
césped (m)	잔디	jan-di
macizo (m) de flores	꽃밭	kkot-bat
planta (f)	식물	sing-mul
hierba (f)	풀	pul
hoja (f) de hierba	풀잎	pu-rip
hoja (f)	잎	ip
pétalo (m)	꽃잎	kko-chip
tallo (m)	줄기	jul-gi
tubérculo (m)	구근	gu-geun
retoño (m)	새싹	sae-ssak

espina (f)	가시	ga-si
florecer (vi)	피우다	pi-u-da
marchitarse (vr)	시들다	si-deul-da
olor (m)	향기	hyang-gi
cortar (vt)	자르다	ja-reu-da
coger (una flor)	따다	tta-da

98. Los cereales, los granos

grano (m)	곡물	gong-mul
cereales (m pl) (plantas)	곡류	gong-nyu
espiga (f)	이삭	i-sak

trigo (m)	밀	mil
centeno (m)	호밀	ho-mil
avena (f)	귀리	gwi-ri
mijo (m)	수수, 기장	su-su, gi-jang
cebada (f)	보리	bo-ri

maíz (m)	옥수수	ok-su-su
arroz (m)	쌀	ssal
alforfón (m)	메밀	me-mil

guisante (m)	완두	wan-du
fréjol (m)	강낭콩	gang-nang-kong
soya (f)	콩	kong
lenteja (f)	렌즈콩	ren-jeu-kong
habas (f pl)	콩	kong

LOS PAÍSES

Afganistán (m)	아프가니스탄	a-peu-ga-ni-seu-tan
Albania (f)	알바니아	al-ba-ni-a
Alemania (f)	독일	do-gil
Arabia (f) Saudita	사우디아라비아	sa-u-di-a-ra-bi-a
Argentina (f)	아르헨티나	a-reu-hen-ti-na
Armenia (f)	아르메니아	a-reu-me-ni-a
Australia (f)	호주	ho-ju
Austria (f)	오스트리아	o-seu-teu-ri-a
Azerbaiyán (m)	아제르바이잔	a-je-reu-ba-i-jan
Bangladesh (m)	방글라데시	bang-geul-la-de-si
Bélgica (f)	벨기에	bel-gi-e
Bielorrusia (f)	벨로루시	bel-lo-ru-si
Bolivia (f)	볼리비아	bol-li-bi-a
Bosnia y Herzegovina	보스니아 헤르체코비나	bo-seu-ni-a he-reu-che-ko-bi-na
Brasil (m)	브라질	beu-ra-jil
Bulgaria (f)	불가리아	bul-ga-ri-a
Camboya (f)	캄보디아	kam-bo-di-a
Canadá (f)	캐나다	kae-na-da
Chequia (f)	체코	che-ko
Chile (m)	칠레	chil-le
China (f)	중국	jung-guk
Chipre (m)	키프로스	ki-peu-ro-seu
Colombia (f)	콜롬비아	kol-lom-bi-a
Corea (f) del Norte	북한	buk-an
Corea (f) del Sur	한국	han-guk
Croacia (f)	크로아티아	keu-ro-a-ti-a
Cuba (f)	쿠바	ku-ba
Dinamarca (f)	덴마크	den-ma-keu
Ecuador (m)	에콰도르	e-kwa-do-reu
Egipto (m)	이집트	i-jip-teu
Emiratos (m pl) Árabes Unidos	아랍에미리트	a-ra-be-mi-ri-teu
Escocia (f)	스코틀랜드	seu-ko-teul-laen-deu
Eslovaquia (f)	슬로바키아	seul-lo-ba-ki-a
Eslovenia	슬로베니아	seul-lo-be-ni-a
España (f)	스페인	seu-pe-in
Estados Unidos de América (m pl)	미국	mi-guk
Estonia (f)	에스토니아	e-seu-to-ni-a
Finlandia (f)	핀란드	pil-lan-deu
Francia (f)	프랑스	peu-rang-seu

100. Los países. Unidad 2

Georgia (f)	그루지야	geu-ru-ji-ya
Ghana (f)	가나	ga-na
Gran Bretaña (f)	영국	yeong-guk
Grecia (f)	그리스	geu-ri-seu
Haití (m)	아이티	a-i-ti
Hungría (f)	헝가리	heong-ga-ri
India (f)	인도	in-do
Indonesia (f)	인도네시아	in-do-ne-si-a
Inglaterra (f)	잉글랜드	ing-geul-laen-deu
Irak (m)	이라크	i-ra-keu
Irán (m)	이란	i-ran
Irlanda (f)	아일랜드	a-il-laen-deu
Islandia (f)	아이슬란드	a-i-seul-lan-deu
Islas (f pl) Bahamas	바하마	ba-ha-ma
Israel (m)	이스라엘	i-seu-ra-el
Italia (f)	이탈리아	i-tal-li-a
Jamaica (f)	자메이카	ja-me-i-ka
Japón (m)	일본	il-bon
Jordania (f)	요르단	yo-reu-dan
Kazajstán (m)	카자흐스탄	ka-ja-heu-seu-tan
Kenia (f)	케냐	ke-nya
Kirguizistán (m)	키르기스스탄	ki-reu-gi-seu-seu-tan
Kuwait (m)	쿠웨이트	ku-we-i-teu
Laos (m)	라오스	ra-o-seu
Letonia (f)	라트비아	ra-teu-bi-a
Líbano (m)	레바논	re-ba-non
Libia (f)	리비아	ri-bi-a
Liechtenstein (m)	리히텐슈타인	ri-hi-ten-syu-ta-in
Lituania (f)	리투아니아	ri-tu-a-ni-a
Luxemburgo (m)	룩셈부르크	ruk-sem-bu-reu-keu
Macedonia	마케도니아	ma-ke-do-ni-a
Madagascar (m)	마다가스카르	ma-da-ga-seu-ka-reu
Malasia (f)	말레이시아	mal-le-i-si-a
Malta (f)	몰타	mol-ta
Marruecos (m)	모로코	mo-ro-ko
Méjico (m)	멕시코	mek-si-ko
Moldavia (f)	몰도바	mol-do-ba
Mónaco (m)	모나코	mo-na-ko
Mongolia (f)	몽골	mong-gol
Montenegro (m)	몬테네그로	mon-te-ne-geu-ro
Myanmar (m)	미얀마	mi-yan-ma

101. Los países. Unidad 3

Namibia (f)	나미비아	na-mi-bi-a
Nepal (m)	네팔	ne-pal

Noruega (f)	노르웨이	no-reu-we-i
Nueva Zelanda (f)	뉴질랜드	nyu-jil-laen-deu
Países Bajos (m pl)	네덜란드	ne-deol-lan-deu
Pakistán (m)	파키스탄	pa-ki-seu-tan
Palestina (f)	팔레스타인	pal-le-seu-ta-in
Panamá (f)	파나마	pa-na-ma
Paraguay (m)	파라과이	pa-ra-gwa-i
Perú (m)	페루	pe-ru
Polinesia (f) Francesa	폴리네시아	pol-li-ne-si-a
Polonia (f)	폴란드	pol-lan-deu
Portugal (m)	포르투갈	po-reu-tu-gal
República (f) Dominicana	도미니카 공화국	do-mi-ni-ka gong-hwa-guk
República (f) Sudafricana	남아프리카 공화국	nam-a-peu-ri-ka gong-hwa-guk
Rumania (f)	루마니아	ru-ma-ni-a
Rusia (f)	러시아	reo-si-a
Senegal (m)	세네갈	se-ne-gal
Serbia (f)	세르비아	se-reu-bi-a
Siria (f)	시리아	si-ri-a
Suecia (f)	스웨덴	seu-we-den
Suiza (f)	스위스	seu-wi-seu
Surinam (m)	수리남	su-ri-nam
Tayikistán (m)	타지키스탄	ta-ji-ki-seu-tan
Tailandia (f)	태국	tae-guk
Taiwán (m)	대만	dae-man
Tanzania (f)	탄자니아	tan-ja-ni-a
Tasmania (f)	태즈메이니아	tae-jeu-me-i-ni-a
Túnez (m)	튀니지	twi-ni-ji
Turkmenistán (m)	투르크메니스탄	tu-reu-keu-me-ni-seu-tan
Turquía (f)	터키	teo-ki
Ucrania (f)	우크라이나	u-keu-ra-i-na
Uruguay (m)	우루과이	u-ru-gwa-i
Uzbekistán (m)	우즈베키스탄	u-jeu-be-ki-seu-tan
Vaticano (m)	바티칸	ba-ti-kan
Venezuela (f)	베네수엘라	be-ne-su-el-la
Vietnam (m)	베트남	be-teu-nam
Zanzíbar (m)	잔지바르	jan-ji-ba-reu